Trotzdem

A esquerda não é woke

Trotzdem 12

Susan Neiman
A esquerda não é woke
Left is not woke

© Susan Neiman, 2023
All rights reserved
© Editora Âyiné, 2023
Todos os direitos reservados

Tradução
Rodrigo Coppe Caldeira

Preparação
Tamara Sender

Revisão
Andrea Stahel
Lívia Lima

Projeto gráfico
Federico Barbon Studio

Produção gráfica
Daniella Domingues

ISBN
978-65-5998-140-3

Direção editorial
Pedro Fonseca

Coordenação editorial
Sofia Mariutti

Coordenação de comunicação
Júlia Corrêa

Conselho editorial
Simone Cristoforetti
Zuane Fabbris
Lucas Mendes

Editora Âyiné
Praça Carlos Chagas, 49. 2° andar.
Belo Horizonte 30170-140

+55 31 3291-4164
www.ayine.com.br
info@ayine.com.br

A esquerda não é woke

Tradução
Rodrigo Coppe Caldeira

Susan Neiman

Sumário

9	Introdução

27	1. Universalismo e tribalismo
83	2. Justiça e poder
129	3. Progresso e desgraça
171	4. O que resta?

199	Agradecimentos

Introdução

O que este livro não é: um apelo ao bipartidarismo ou um discurso contra a cultura do cancelamento. Tampouco falarei sobre a virtude liberal de buscar entender aqueles que não compartilham de suas opiniões, embora eu ache que isso seja uma virtude. Mas não me considero uma liberal, talvez porque eu viva em um lugar onde «liberal» significa apenas «libertário», e uma variedade de posições de esquerda está sempre à disposição. Minhas próprias lealdades sempre foram partidárias: fui criada na Geórgia durante o Movimento dos Direitos Civis e, a partir daí, virei à esquerda. Em uma época em que até mesmo a palavra «liberal» é muitas vezes uma calúnia na cultura americana, é fácil esquecer que «socialista» já foi uma posição política perfeitamente respeitável na terra da liberdade. Ninguém menos que Albert Einstein escreveu uma defesa orgulhosa do socialismo no auge da Guerra Fria. Como Einstein e tantos outros, fico feliz em ser chamada de esquerdista e socialista.

O que distingue o esquerdista do liberal é a visão de que, ao lado dos direitos políticos que garantem a liberdade de falar, cultuar, viajar e votar como quisermos, também temos reivindicações por direitos sociais, que sustentam o exercício real dos direitos políticos. Os escritores liberais os chamam de benefícios, direitos ou redes de segurança. Todos esses termos fazem com que coisas como práticas trabalhistas justas, educação, assistência médica e moradia pareçam questões de caridade e não de justiça. Mas esses e outros direitos sociais à vida cultural estão codificados na «Declaração

Universal dos Direitos Humanos» das Nações Unidas de 1948. Embora a maioria dos Estados-membros a tenha ratificado, nenhum Estado ainda criou uma sociedade que garanta esses direitos, e a Declaração não tem força legal. Mesmo sendo o documento mais traduzido do mundo, em 530 idiomas, a Declaração continua sendo uma aspiração. Estar à esquerda é insistir que essas aspirações não são utópicas.

«É perfeitamente possível avançar gradualmente em direção ao socialismo participativo mudando o sistema jurídico, fiscal e social deste ou daquele país, sem esperar pela unanimidade do planeta», escreve o economista Thomas Piketty.[1] Ele argumenta que isso pode ser feito por meio do aumento de impostos, que seriam menores do que as taxas que vigoravam nos Estados Unidos e na Grã-Bretanha durante o período de maior crescimento econômico do pós-guerra. Os conflitos identitários, conclui ele, são alimentados pela desilusão com as próprias ideias de justiça social e uma economia justa.[2] Ainda assim, este livro não discutirá a opinião de que a esquerda deveria dar mais atenção às desigualdades econômicas do que a outras desigualdades. Acredito que isso seja verdade, mas essa posição já foi defendida anteriormente. O que mais me preocupa aqui são as formas pelas quais as vozes contemporâneas consideradas de esquerda abandonaram as ideias filosóficas que são fundamentais para qualquer ponto de vista de esquerda: compromisso com o universalismo em detrimento do tribalismo, distinção clara entre justiça e poder,

---

1 Thomas Piketty, *Pelo socialismo! Crónicas, 2016-2020.* Trad. Artur Lopes Cardoso. Lisboa: Temas e debates, 2021.

2 Id., *Capital e ideologia.* Trad. Dorothée de Bruchard e Maria de Fátima Oliva do Couto. Rio de Janeiro: Intrínseca, 2020.

e crença na possibilidade de progresso. Todas essas ideias estão conectadas.

Exceto como alvos ocasionais, é difícil encontrá-las no debate contemporâneo. Isso levou alguns de meus amigos em vários países a concluir, com tristeza, que não pertencem mais à esquerda. Apesar do comprometimento de toda a vida com a justiça social, eles se sentem distantes daquilo que é chamado de esquerda *woke* [desperta], extrema esquerda ou esquerda radical. Não estou disposta a abrir mão da palavra «esquerda» ou aceitar a sugestão binária de que aqueles que não estão «woke» sejam necessariamente reacionários. Em vez disso, examinarei como aqueles que se identificam com a esquerda atualmente, na verdade, abandonaram as ideias fundamentais que qualquer esquerdista deveria defender.

No momento em que movimentos nacionalistas antidemocráticos estão crescendo em todos os continentes, não temos problemas mais imediatos do que acertar a teoria? Uma crítica de esquerda àqueles que parecem compartilhar os mesmos valores pode parecer um exemplo de narcisismo. Mas não são pequenas as diferenças que me separam daqueles que estão «woke». Não são apenas questões de estilo ou tom, mas vão ao cerne do que significa ser de esquerda. A direita pode ser mais perigosa, mas a esquerda de hoje se privou das ideias de que precisamos se quisermos resistir à guinada para a direita. Reações *woke* ao massacre do Hamas de 7 de outubro evidenciam como a teoria pode levar a práticas terríveis.

A guinada à direita é internacional e organizada. De Bangalore a Budapeste, os nacionalistas de direita se reúnem regularmente para se apoiarem e elaborar estratégias, embora cada nação considere sua civilização

Introdução

superior. A solidariedade entre eles sugere que as crenças nacionalistas se baseiam apenas marginalmente na ideia de que os húngaros/noruegueses/judeus/alemães/anglo-saxões/hindus são a melhor de todas as tribos possíveis. O que os une é o princípio do tribalismo: você se conectará verdadeiramente apenas com aqueles que pertencem ao seu grupo, sem precisar ter compromissos profundos com mais ninguém. É uma ironia amarga o fato de que os tribalistas de hoje acham mais fácil estabelecer uma causa comum do que aqueles cujos compromissos se originam a partir de uma perspectiva universalista, quer a reconheçam ou não.

Os «woke» não são um movimento em nenhum sentido tradicional. O primeiro uso registrado da frase *stay woke* foi na música «Scottsboro Boys», de 1938, do grande *bluesman* Lead Belly, dedicada a nove adolescentes negros cuja execução por estupros que nunca cometeram só pôde ser impedida por anos de protestos internacionais liderados — o que às vezes é esquecido — pelo Partido Comunista, enquanto a National Association for the Advancement of Colored People (NAACP) [Associação Nacional para o Progresso de Pessoas de Cor] de W. E. B. Dubois inicialmente relutou em se envolver.[3] Ficar desperto diante da injustiça, estar atento a sinais de discriminação — o que poderia haver de errado nisso? No entanto, em poucos anos, *woke*, um termo de louvor, se transformou em um termo de abuso. O que aconteceu?

De Ron DeSantis a Rishi Sunak e a Eric Zemmour, *woke* se tornou um grito de guerra para atacar qualquer pessoa que se posicione contra o racismo, assim como a expressão *política identitária* foi virada do avesso alguns anos atrás. De São

---

3 Ver, mais recentemente, Kenan Malik, *Not So Black and White*. Londres: Hurst and Company, 2023, pp. 202-6.

Petersburgo, Rússia, a São Petersburgo, Flórida, a palavra é tomada a tal ponto como impropério que muitos colegas me pediram para não criticar o *woke* de modo algum, por temerem sua instrumentalização pela direita. No entanto, a direita não é a única culpada disso. Barbara Smith, membra fundadora do Combahee River Collective, que inventou o termo, insiste que a *política identitária* passou a ser usada de maneiras nunca desejadas. «Não queríamos de forma alguma dizer que só trabalharíamos com pessoas idênticas a nós», disse ela. «Acreditávamos firmemente em trabalhar com pessoas de várias identidades em problemas comuns.»[4]

Alguns podem argumentar que os riscos de abuso já estariam presentes nas intenções originais, mas está claro que nem a identidade nem a política *woke* foram usadas com as nuances necessárias. Ambas se tornaram desagregadoras, criando uma alienação que a direita explorou rapidamente. As universidades e corporações são mais propensas ao exagero *woke* do que os líderes comunitários que trabalham *in loco* no dia a dia das comunidades. Os piores abusos são os do capitalismo *woke*, que se apropria das demandas por diversidade em busca de maior lucro. O historiador Touré Reed argumenta que o processo é calculado: as corporações acreditam que a contratação de funcionários negros lhes permitirá penetrar nesse nicho de mercado.[5] A apropriação é muitas vezes direta e descarada. O relatório de 2021 da McKinsey sobre a indústria cinematográfica declarou que, «ao abordar as persistentes desigualdades raciais, a indústria poderia colher mais US$ 10 bilhões em receitas anuais

---

4 Barbara Smith, apud Olúfémi O. Táíwò, «Identity Politics and Elite Capture», *Boston Review*, 7 maio 2020.

5 Touré Reed, *Toward Freedom: The Case Against Racial Reductionism*. Londres: Verso, 2020.

— cerca de 7% a mais do que a linha de base avaliada de US$ 148 bilhões».[6] Mas, mesmo sem a exploração direta do que começou como objetivos progressistas, o *woke* se tornou uma política de símbolos em vez de uma perspectiva que apontasse para a transformação social. O capitalismo *woke* foi considerado o tema dominante em Davos em 2020, mas o encontro recebeu como orador de abertura Donald Trump com uma ovação de pé.[7] O fato de os políticos de direita desdenharem da palavra *woke* não deve nos impedir de examiná-la.

Compreendo que a editora francesa que traduziu exitosamente dois de meus livros anteriores tenha declinado de publicar este, por recear que pudesse dar ajuda e conforto à direita. «A situação é séria», disseram. «Marine Le Pen pode ganhar as próximas eleições.» De fato, a situação é muito séria. Donald Trump pode vencer as próximas eleições nos Estados Unidos, e o partido da extrema direita da Alemanha está subindo nas pesquisas. Mas os perigos não serão afastados fingindo que o *woke* não é um problema ou que é um fantasma que a direita inventou para reprimir toda reivindicação de justiça social. Ao contrário, se os liberais de esquerda não podem combater o excesso de *woke*, eles não só continuarão a se sentir politicamente desabrigados, mas seu silêncio levará para os braços da direita aqueles cujas orientações políticas são mais obscuras.

Como a maioria das ideias, o universalismo pode ser instrumentalizado. Nisso a França é conspícua. O primeiro país que proclamou a Declaração dos Direitos do Homem não raro reivindica uma herança imune ao racismo. Como afirma a escritora

---

6 Disponível em: <https://www.mckinsey.com>.

7 *New York Times*, 23 jan. 2020.

e diretora Rokhaya Diallo, «nosso país, que constantemente alega ser o berço do Iluminismo, está espezinhando direitos, particularmente a liberdade de expressão».[8] Embora os tribunais franceses tenham decidido que a prática de perfilamento racial é uma realidade cotidiana, «a França persegue um ideal de assimilação e usa o laicismo para padronizar a manifestação das culturas».[9] Diallo nunca se opôs ao universalismo em teoria; ela gostaria de vê-lo realizado na prática. «O universalismo pode ser reivindicado a partir de muitas perspectivas e culturas diferentes e de muitas fontes intelectuais não necessariamente europeias. O problema é que na França ele se tornou um chavão para desacreditar algumas lutas e parece um disfarce para a supremacia branca.»[10]

Mas, diferentemente de Diallo, muitos ativistas antirracistas consideraram as instrumentalizações do universalismo pela direita um motivo para rejeitar integralmente a ideia.

O *woke* pode ser definido? Ele começa com a preocupação com pessoas marginalizadas e termina reduzindo cada uma delas ao prisma de sua marginalização. A ideia de interseccionalidade poderia ter enfatizado as maneiras pelas quais todos nós temos mais de uma identidade. Em vez disso, levou ao foco as partes das identidades que são mais marginalizadas, multiplicando-as em um campo de traumas.

---

8 Rokhaya Diallo, «France's grief for Hamas's victims is right — its suspicion of French Muslims is not». *The Guardian*, 21 out. 2023. Disponível em: <https://www.theguardian.com/commentisfree/2023/oct/21/france-hamas-victims-french-muslims-israel-football>. Acesso em: 23 nov. 2023.

9 Id., «France cynically targets Muslim women — again» [entrevista a James McAuley]. *The Washington Post*, 9 out. 2023. Disponível em: <https://www.washingtonpost.com/opinions/2023/10/09/france-muslim-women-marianne-abaya/>. Acesso em: 23 nov. 2023.

10 Id., em carta à autora, 22 ago. 2023.

Introdução

O *woke* enfatiza as maneiras pelas quais grupos específicos tiveram a justiça negada e sua busca por retificação e reparação dos danos sofridos. Com o foco nas diferenças de poder, o conceito de justiça é muitas vezes deixado de lado.

O *woke* exige que nações e povos enfrentem seus históricos criminais. Nesse processo, muitas vezes conclui que toda história é criminosa.

Alguns críticos da primeira edição deste livro consideraram a definição acima insuficiente. Objetaram que, sem uma definição mais extensa e uma lista de exemplos, minha crítica caiu no vazio. O reparo era surpreendente já que exemplos de comportamento *woke* são descritos quase diariamente nos jornais do mundo inteiro. Meu objetivo não era fazer outra lista com eles, mas compreender as ideias filosóficas por trás de suposições aparentemente inofensivas que embasam o pensamento *woke*. Mas, para esses leitores sedentos de exemplos, aqui vão mais três, escolhidos entre as centenas que revelam como o *woke* pode ser tanto ridículo quanto aterrador.[11]

Uma editora alemã promoveu um novo livro com a frase: «Este livro abrirá seus olhos». Ela foi imediatamente atacada por usar palavras que poderiam causar sofrimento a pessoas cegas, e forçada a retirar o anúncio.

A jovem poeta negra Amanda Gorman tornou-se um sucesso internacional depois de ler seu poema «The Hill We Climb»

---

11 Para fontes com mais exemplos, ver, em inglês: Bradley Campbell; Jason Manning, *The Rise of Victimhood Culture: Microaggressions, Safe Spaces, and the New Culture Wars*. Cham (Suíça): Palgrave Macmillan, 2018; Malik, *Not So Black and White*, op. cit.; John McWhorter, *Woke Racism: How a New Religion Has Betrayed Black America*. Nova York: Penguin, 2021; Helen Pluckrose; James Lindsay, *Cynical Theories: How Activist Scholarship Made Everything about Race, Gender, and Identity — And Why This Harms Everybody*. Londres: Swift Press, 2021; e, em alemão: Cheeba and Mendel; Nida-Rumelin; Stegemann.

A esquerda não é woke

[«A colina que subimos»] na posse de Joe Biden. Dezessete editoras rapidamente compraram os direitos. Para a edição holandesa, Gorman sugeriu uma escritora holandesa branca e não binária cuja obra vencedora do Booker Prize ela admirava. É a única boa razão para a escolha de um tradutor: Gosto do seu trabalho, topa fazer uma tentativa com o meu? Então uma holandesa negra blogueira de moda escreveu um artigo dizendo que a obra de Gorman deveria ser traduzida por uma mulher negra. A autora branca desistiu do trabalho, mas a história repercutiu pela Europa. Uma tradução catalã já havia sido feita e paga, mas, pelo fato de o tradutor ser um homem branco, foi contratada uma nova tradução. Encontraram um rapper negro para a tradução sueca, mas, devido à escassez de tradutores negros, a Dinamarca contratou uma mulher parda que usa *hijab*. A editora alemã encontrou uma solução alemã e contratou toda uma comissão de tradutoras: uma negra, uma parda e uma branca.

Mas, no momento em que escrevo, os exemplos mais recentes de comportamento *woke* não são nada animadores. Para o *woke* pós-colonial, Israel se situa há muito tempo no Norte Global, enquanto a Palestina pertence ao Sul Global. A insensatez dessa geografia de má-fé revelou-se quando muitos dos «woke» celebraram o brutal massacre de mais de 1.200 cidadãos israelenses pelo Hamas como «resistência à ocupação» ou até mesmo «justiça poética». Não foi justiça; muitos dos alegados ocupantes passaram anos trabalhando pela paz de modo direto e útil, por exemplo levando seus vizinhos de Gaza para atendimento médico. Outros tinham três meses de idade. Mas nem virtude nem inocência fizeram diferença alguma. As vítimas pertenciam ao grupo errado, e isso foi suficiente para condená-las.

Introdução

Preciso acrescentar que bombardear milhares de crianças do outro grupo é nada menos que um crime de guerra? Em *O mal no pensamento moderno*, argumentei que dividir os males em maiores e menores e tentar pesá-los não é apenas inútil, mas provavelmente obsceno.[12] Males não devem ser quantificados, mas podem ser distinguidos. Depois de se corresponder com um dos pilotos envolvidos no bombardeio de Hiroshima, o filósofo judeu alemão Günther Anders fez uma importante distinção. Uma pessoa capaz de mandar uma criança para uma câmara de gás, ou de queimá-la viva, tem um buraco no lugar da alma. Muitos de nós não faríamos isso. Mas é mais fácil jogar uma bomba em uma criança que você nunca viu. Exatamente por isso, esse tipo de mal, Anders afirmou, é mais perigoso. Mas o que diabos nos impede de denunciar os dois tipos de mal?

Tenho sido uma crítica contundente da ocupação da Palestina por Israel, isso sem contar seu governo cada vez mais de extrema direita, e tenho sido muito reprovada na Alemanha por essas opiniões. Mas minha crítica à ocupação sempre se baseou no universalismo, e não no tribalismo, preocupando-me com a justiça, e não com o poder, e com a crença de que é possível fazer progressos quando as pessoas trabalham juntas para isso. Esses compromissos não salvaram os kibutzniks na fronteira de Gaza, mas isso não os torna errados. Lamentavelmente, muitos dos que condenaram as celebrações generalizadas do terrorismo do Hamas, e os atos de antissemitismo que as acompanharam, chamaram-nas de fracasso da esquerda internacional. É um grave equívoco. Tratou-se, antes, de um momento que mostrou o quanto o

---

12 Susan Neiman, *O mal no pensamento moderno: uma história alternativa da filosofia*. Trad. F. Abreu. Rio de Janeiro: Difel, 2003.

pós-colonialismo *woke* abandonou todos os princípios de esquerda ou liberais necessários para nos mantermos no caminho certo.

Não é por acaso que muitos têm dificuldade em distinguir a esquerda do *woke*, ou em dar deste uma definição satisfatória. O conceito em si é incoerente, por ser construído num embate entre o sentimento e o pensamento. O que é confuso no movimento *woke* é que ele se originou das emoções tradicionais da esquerda: empatia pelos marginalizados, indignação com a situação dos oprimidos, determinação na busca de que os erros históricos sejam corrigidos. Essas emoções, entretanto, são afetadas por uma série de suposições teóricas que acabam por enfraquecê-las. *Teoria*, em inglês [*theory*], é um conceito tão nebuloso e moderno que foi usado até mesmo para lançar uma marca da moda, mas, se a palavra hoje não tem um conteúdo claro, ela tem alguma direção. O que une movimentos intelectuais muito diferentes, ligados pela palavra *teoria*, é a rejeição das estruturas epistemológicas e dos pressupostos políticos herdados do Iluminismo. Não é preciso passar anos decifrando Judith Butler ou Homi Bhabha para ser influenciado pela teoria. Raramente percebemos suas suposições, agora incorporadas à cultura, pois elas geralmente são expressas como verdades evidentes. Como são oferecidas como simples descrições da realidade, e não como ideias que poderíamos questionar, é difícil contestá-las diretamente. Aqueles que aprenderam na faculdade a desconfiar de toda alegação de verdade hesitarão em reconhecer a falsidade.[13]

Dado que dita padrões em mais de um país,

13 Como sugeriu Bruno Latour, «Why Has Critique Run Out of Steam? From Matters of Fact to Matters of Concern», *Critical Inquiry*, v. 30, n. 2, 2004.

O *New York Times* é sempre um bom lugar para observar a facilidade com que pressupostos filosóficos são inseridos nos discursos dominantes sem chamar atenção, talvez nem mesmo dos jornalistas que os escrevem. Embora o *Times* ainda incorpore o consenso neoliberal dominante que sempre representou, desde 2019 ele tem se tornado cada vez mais, e de forma evidente, *woke*. Além do controverso Projeto 1619, essa mudança levou a um progresso real, notavelmente um aumento no número de vozes e rostos negros e pardos. Mas aqui está uma frase que o jornal de destaque publicou em 2021: «Apesar das raízes indianas da vice-presidente Kamala D. Harris, o governo Biden pode ser menos tolerante com a agenda nacionalista hindu de Modi». (Na verdade, eu gostaria que essa previsão tivesse se concretizado.) Se você ler a frase rapidamente, talvez não perceba a suposição teórica por trás: as opiniões políticas são determinadas por origens étnicas. Se não souber nada sobre a Índia contemporânea, talvez não perceba o fato de que os críticos mais ferozes do hinduísmo violento de Modi são indianos. Os mais ousados dentre eles o chamam de fascista.

Mais ou menos na mesma época, a maior parte da mídia nos Estados Unidos estava desconcertada com uma característica surpreendente da eleição americana de 2020. O racismo de Donald Trump em relação a negros e latinos havia sido exibido publicamente durante todo o seu governo, mas ele recebeu mais votos desses grupos do que havia recebido quatro anos antes. Em vez de questionar, por um momento, a ideia de que demografia é destino, os jornalistas se apressaram em explicar o dilema dizendo-nos que as comunidades latinas são diversas: os porto-riquenhos não são cubanos, os mexicanos não são venezuelanos. Cada comunidade

A esquerda não é woke

20

tem uma história, uma cultura, um conjunto de interesses próprios, e merece ser respeitada como tal. Além do fato de que isso dificilmente explica o aumento do número de eleitores negros, dividir as tribos em subtribos não é uma solução. *As pessoas* são diversas. Nem as comunidades negras, brancas ou pardas são homogêneas. Fazemos coisas por outros motivos além de sermos membros de uma tribo.

Embora a presunção de que não o fazemos venha da mídia, que não é nada amigável com o atual Partido Republicano, as suposições não estão longe daquelas que impulsionaram a prática de Donald Trump: nomear um neurocirurgião para chefiar o departamento de desenvolvimento urbano porque ele era negro; dar ao seu genro displicente um dos maiores desafios mundiais de política externa porque ele era judeu; nomear uma católica de extrema direita para suceder Ruth Bader Ginsberg porque ambas eram mulheres; nomear um desastre diplomático como embaixador na Alemanha porque ele era gay. O fato de Berlim ter sido uma cidade amigável aos homossexuais durante a maior parte do século não impediu que seus cidadãos expressassem, de forma pouco diplomática, seu choque com as violações em série da conduta política de Richard Grenell. O breve governo liderado por Truss na Grã-Bretanha foi apenas o mais recente a adotar a mesma postura: nomear o gabinete mais diversificado da história britânica e, ao mesmo tempo, promover as políticas mais conservadoras de que se tem notícia. As folhas de figueira eram pequenas demais para cobrir a vergonha.

O que você acha mais essencial: as características com as quais nascemos ou os princípios que consideramos e defendemos? Tradicionalmente, era a direita que defendia a primeira opção, enquanto a esquerda enfatizava a segunda. Essa tradição foi invertida quando uma política liberal como Hillary Clinton aplaudiu a eleição da primeira mulher primeira-ministra da Itália como uma «ruptura com o passado», ignorando o fato de que as posições de Giorgia Meloni estão mais próximas do passado *fascista* da Itália do que as de qualquer líder político italiano desde a guerra. Não é de surpreender que as teorias defendidas pelos «woke» minem suas emoções empáticas e intenções emancipatórias. Essas teorias não têm apenas fortes raízes reacionárias; alguns de seus autores eram nazistas. Em uma discussão sobre essencialismo racial ocorrida em 2013, antes de a palavra *woke* ser moeda corrente, a historiadora Barbara Fields disse: «As pessoas não sabem o tipo de história tóxica que estão repetindo. Se você lhes perguntar 'Bom, então por que não vão lá, replicam as Leis de Nuremberg e acabam com isso?', elas nem vão saber do que você está falando».[14]

Em que medida os trabalhos intelectuais de Carl Schmitt e Martin Heidegger estavam ligados à sua filiação ao partido nazista? Há muitos estudos sobre essa questão, e este livro não vai se aprofundar nesse ponto. Grande parte da literatura é do tipo «Sim, mas», em que o «mas» indica o fato de que o pensador em questão não aceitou todas as partes da ideologia nazista, ou fez algumas críticas discretas, ou deixou o partido precocemente. Outros oferecem análises conceituais complexas, argumentando que alguma parte importante de seu pensamento era incompatível com o nazismo.

---

14 Barbara Fields, em conversa com Ta-Nahesi Coates, em The Graduate Center at City University of New York (cuny), 14 mar. 2013.

A complexidade serve para reprimir a indignação, como se apenas a má-educação ou a superficialidade filosófica pudessem causar indignação. O fato de que ambos os homens não apenas serviram aos nazistas, mas defenderam essa atitude muito tempo depois da guerra, não é novidade. Hoje em dia, a indignação é reservada a passagens racistas da filosofia do século XVIII.

Todas essas justificativas aceitam o pressuposto usual de que o antissemitismo era o elemento principal do nazismo. Assim, quem não era pessoalmente antissemita não poderia ser um nazista de verdade. Mas muitos estudiosos argumentam que, embora o antissemitismo sempre tenha sido uma característica da ideologia nazista, ele era parte de um antimodernismo profundo e radical. Textos publicados postumamente mostraram que tanto Heidegger quanto Schmitt eram antissemitas, mas que seu antimodernismo reacionário é ainda mais devastador.

Independentemente da leitura que se faça da relação entre suas filosofias e seus compromissos políticos, algumas coisas são claras: Schmitt rejeitava o universalismo e qualquer concepção de justiça que transcendesse a noção de poder e acreditava que a Europa tinha declinado desde a Reforma do século XVI. (Ele parecia não se importar com nenhum outro lugar.) O antimodernismo e os apelos de Heidegger às virtudes camponesas eram mais difundidos e enraizados do que qualquer outra de suas convicções. Essas atitudes certamente influenciaram suas decisões de se aliar aos nazistas e sua recusa em renunciar a essas decisões após a guerra.

Diante dos fatos, é intrigante ver o fascínio pelo estudo de Schmitt por parte daqueles que se preocupam

Introdução

com o colonialismo, ou ouvir filósofos preocupados com os direitos trabalhistas falarem em ler Heidegger contra Heidegger. Se procurassem um pouco mais, encontrariam recursos muito melhores, pois, de fato, muitas das premissas teóricas que sustentam os impulsos mais admiráveis dos *woke* vêm do movimento intelectual que eles desprezam. Os melhores princípios do *woke*, como a insistência em ver o mundo a partir de mais de uma perspectiva geográfica, vêm diretamente do Iluminismo. Mas as rejeições contemporâneas do Iluminismo geralmente andam de mãos dadas com a falta de conhecimento sobre ele. Este livro foi escrito na esperança de que a filosofia possa desfazer as confusões que a teoria criou — e fortalecer nossa prática política no caminho. Não se pode esperar progredir serrando o galho no qual não se sabe que está sentado.

Este não é um livro acadêmico. Estou ciente de que muitos volumes já foram escritos sobre a maioria das questões que examinarei. Nenhum de meus questionamentos é exaustivo. Se me aprofundasse academicamente, as afirmações que faço sobre Foucault, Schmitt ou psicologia evolucionista ficariam mais complicadas. Neste livro estou menos interessada em buscar a melhor interpretação possível desses e de outros pensadores do que em entender sua influência na cultura contemporânea. Não tenho dúvida de que há leituras que apresentariam interpretações mais generosas de suas ideias; já li algumas delas. Justamente por serem elaboradas e contraintuitivas, essas leituras não são muito ouvidas. *A boa filosofia não é geralmente elaborada e contraintuitiva?* Às vezes. Mas, se você precisa de um Ph.D. e de muita paciência para entender um texto — e isso em uma época em que até mesmo os escritores leem menos —, é difícil imaginar que esse tipo de trabalho teórico possa ser tão elucidativo quanto suas intenções declaradas.

Embora este não seja um trabalho acadêmico, ele é filosófico. Filosofia moral e política é inerentemente normativa. Quando falo da esquerda, não é como historiadora. Meu interesse está em um ideal, plenamente consciente das várias maneiras pelas quais a esquerda tem falhado historicamente em cumpri-lo. A tarefa deste livro não é rastrear essas falhas, mas apresentar um claro delineamento dos ideais filosóficos que a esquerda com frequência tem defendido e aos quais ainda podemos aspirar.

Alguns podem se perguntar por que um livro destinado ao público em geral passa tanto tempo discutindo filosofia. *Autores como Michel Foucault ou Carl Schmitt têm de fato impacto em acontecimentos políticos? Quantas pessoas já os leram?* Mais do que você pode imaginar, a julgar pelas arrebatadas defesas de Foucault que se seguiram à publicação da primeira edição deste livro. Mas mesmo quem nunca vai para a universidade vê jornais, televisão ou redes sociais produzidos por aqueles que foram, e absorvem suas ideias ou as de seus epígonos. Se você tem alguma dúvida de que pessoas podem ser influenciadas por textos que elas não entendem, compare a quantidade de estudiosos da Bíblia com o número de pessoas afetadas por ela. As políticas de Andrew Breitbart[15] eram abomináveis, mas sua máxima é verdadeira: a política está a jusante da cultura. Eis o que você obtém quando sua visão de mundo foi moldada pela cultura *woke*: «As noções tradicionais do intelectual nunca pretenderam incluir aqueles de nós que estão fixados e focados

---

15 Andrew Breitbart (1969-2012) foi editor, escritor, ativista conservador e comentarista político. [N. E.]

inteira e totalmente em revelar e esclarecer verdades complexas que podem melhorar radicalmente a condição humana [...] Eu sabia disso. Eu sabia sobre a equação entre Iluminismo, 'razão', 'objetividade', 'empirismo', e branquitude, Europa Ocidental, masculinidade e a burguesia».[16]

Não é preciso dizer que a citação mostra não apenas falta de conhecimento sobre o Iluminismo, mas também sobre investigação intelectual. A bem dizer, a obscuridade da maioria dos escritores *woke* faz com que seja difícil analisá-los. Na maioria daquilo que já foi chamado de humanidades, escrever para o público geral raramente é recompensado. Não há estímulo para aqueles que querem aprender a se aperfeiçoar nisso. Com frequência acadêmicos jovens são aconselhados a não tentar, para que sua reputação profissional não seja arruinada. Talvez o aspecto mais importante que distingue os praticantes da teoria e os pensadores do Iluminismo seja que esses últimos não tinham a intenção de escrever para um público. pequeno e seleto; eles escreviam com clareza, sem jargões, com o objetivo de atingir o maior número possível de leitores. (Até mesmo Kant, o mais difícil dos filósofos do Iluminismo, escreveu quinze ensaios perfeitamente inteligíveis para um público geral.) Eu me esforço muito para seguir o exemplo deles.

---

16 Ibram X. Kendi, «The Crisis of the Intellectuals», *The Atlantic*, 23 mar. 2023.

A esquerda não é woke

1. Universalismo e tribalismo

Vamos começar com a ideia de universalismo, que uma vez definiu a esquerda; a solidariedade internacional era sua palavra de ordem. Isso foi exatamente o que a distinguia da direita, que não reconhecia conexões profundas e só poucas obrigações reais com qualquer pessoa fora de seu próprio círculo. A esquerda exigia que o círculo abrangesse o globo. Isto era o que significava ser de esquerda: importar-se com mineiros de carvão em Gales, voluntários republicanos na Espanha ou lutadores pela liberdade na África do Sul, independentemente de pertencer a esses grupos ou não. O que unia não era o sangue, mas a convicção — em primeiro lugar, a convicção de que, por trás de todas as diferenças de tempo e espaço que nos separam, os seres humanos estão conectados de várias maneiras. Dizer que as histórias e geografias nos afetam é trivial. Dizer que elas nos determinam é falso.

É certo que experiências e histórias compartilhadas criam laços particulares. Todos nós tendemos a confiar naqueles cujos códigos não precisamos decifrar, cujas piadas entendemos de forma instantânea, cujas alusões reconhecemos imediatamente. É preciso um ato de abstração para se tornar um universalista. Aprender línguas e imergir em outras culturas tornará essa abstração concreta, mas nem todos são tão talentosos quanto o grande artista e ativista Paul Robeson. No entanto, mesmo sem seus talentos, há muitas maneiras de compartilhar, se não entrar nelas completamente, as culturas de outras pessoas. Você nunca terá o mesmo relacionamento com uma cultura como aqueles que adormeceram ao som de suas canções de ninar. Mas boa literatura, filmes e arte podem fazer maravilhas.

O oposto do universalismo é frequentemente chamado de «identitarismo», mas a palavra é enganosa, pois sugere que nossas identidades podem ser reduzidas no máximo a duas dimensões. Na verdade, todos nós temos muitas identidades, cuja importância irá variar no espaço e no tempo ao longo de nossa vida. Como o filósofo Kwame Anthony Appiah nos lembra: «Até meados do século XX, ninguém a quem perguntassem sobre a identidade de uma pessoa mencionaria raça, sexo, classe, nacionalidade, região ou religião».[1]

Todos nós somos filhos de alguém, um fato que perde importância se estamos ocupados criando nossos próprios filhos, mas basta entrar na casa dos seus pais para voltar ao momento em que sua identidade primária era «filho». Ela muda novamente quando você deixa seu cônjuge pela manhã para assumir um papel profissional no trabalho. Uma dessas identidades é mais genuína do que a outra? Sempre? Essas mudanças de identidade são bastante universais, mas há muitas outras. Uma pessoa politicamente engajada não pode se considerar indiferente à política; um fã apaixonado de futebol não pode imaginar sua identidade sem lealdade ao seu time. Nem todos se identificam com o que fazem para ganhar a vida, mas, para aqueles de nós que se identificam, imaginar-nos em uma profissão completamente diferente é cair no vazio.

Dependendo da pessoa, esses elementos da identidade são pelo menos tão relevantes quanto os dois que a política identitária insiste em considerar: identidade étnica e de gênero.

---

1 Kwame Anthony Appiah, *The Lies that Bind: Rethinking Identity*. Nova York: Liveright, 2018.

Um momento de reflexão mostra que até mesmo esses são menos determinantes do que se supõe. A vida de uma pessoa negra é dramaticamente diferente nos Estados Unidos e na Nigéria, como Chimamanda Adichie mostrou brilhantemente em *Americanah*. Dizer que é nigeriano é apenas uma forma de se identificar fora do país; em uma região com histórias inquietantes e mais de quinhentas línguas, dizer que é nigeriano não significa nada. Ser judeu em Berlim e ser judeu no Brooklyn são experiências tão diferentes que posso garantir que se trata de identidades diferentes. Um judeu em Tel Aviv tem outra identidade. Mas um judeu que nasceu em Tel Aviv tem uma postura no mundo diferente da de um judeu que se muda para lá mais tarde. Mais importante do que qualquer experiência regional: a escolha de preservar a tradição universalista judaica é infinitamente mais vital para minha identidade do que algum gene que eu tenha em comum com Binyamin Netanyahu. Existe uma identidade indiana que também se aplica a hindus e muçulmanos, brâmanes e dalits? Você pode identificar alguém como gay sem mencionar se ele vive em Teerã ou Toledo? O historiador Benjamin Zachariah comenta: «Em tempos passados, essencializar as pessoas era considerado ofensivo, um tanto estúpido, antiliberal, antiprogressista, mas agora isso só é assim quando é feito por outras pessoas. Essencializar a si mesmo e estereotipar a si mesmo não só é permitido, mas considerado empoderador».[2]

Muitos dos que condenavam a essencialização há menos de duas décadas agora estão satisfeitos em reduzir todos os elementos da nossa identidade a apenas dois. Muitas vezes, os esforços recentes para

---

2 Benjamin Zachariah, *After the Last Post: The Lives of Indian Historiography*. Berlim; Boston: De Gruyter Oldenburg, 2019.

1. Universalismo e tribalismo

aumentar a diversidade apelam para a importância de ter pessoas em posições de autoridade que «se parecem comigo». É uma expressão bastante infantil, mas o que as crianças realmente enxergam? Pessoas com algum grau de ascendência africana podem ter a maior variedade de tons de pele e texturas de cabelo; nem o tom de pele nem a textura do cabelo são as únicas qualidades visuais que percebemos. Uma criança informada sobre alguém que «se parece» com ela pode facilmente questionar: ela é mais alta ou mais baixa? Mais gorda ou mais magra? Mais velha ou mais nova? E o que fazer quanto ao gênero?

Ninguém negará que as identidades visuais são importantes. Quando eu era criança, as pessoas consideradas atraentes nos Estados Unidos não eram apenas brancas, mas também loiras. Para aquelas de nós que não eram, foi um alívio quando Barbra Streisand começou a ficar em evidência, e mais ainda quando a atenção se voltou para Angela Davis. Apesar de diferentes, ambas eram bonitas e nenhuma se parecia com Marilyn Monroe. O movimento *woke* nos fez perceber que o *branco* não era considerado uma identidade, mas sim algo que estava entre a norma e a neutralidade, como indicavam os lápis de cor rotulados como *cor da pele*, que indicavam que toda pele era rosa-pálido. A diversidade é boa. Mas não é a única coisa. Não sou a primeira a apontar que diversificar as estruturas de poder sem questionar para que o poder é usado pode apenas levar a sistemas mais opressores. E isso não é só quando governos conservadores nomeiam pessoas que não eram consideradas importantes anteriormente. O comediante canadense Ryan Long, por sugestão de Ian Malcolm, entrevistou uma grande variedade de espectadores perguntando se os interrogadores offshore, que é o termo usado pela CIA para torturadores, deveriam se tornar mais diversos. O fato de ter sido levado a sério não surpreende.[3]

A redução das múltiplas identidades que todos nós temos a raça e gênero parece ser apenas uma questão de aparência, embora com frequência seja a primeira coisa que vemos. O foco nas duas dimensões da experiência humana tem como objeto aqueles que sofreram maiores traumas. O que agora se denomina política identitária incorpora uma grande mudança que se iniciou na metade do século XX: o objeto de estudo da história não era mais o herói, mas a vítima.[4] As duas guerras mundiais afetaram significativamente a valorização de formas tradicionais de heroísmo. O impulso para mudar nosso foco para as vítimas da história teve início como um ato de justiça. A narrativa histórica era focada na história dos vencedores, enquanto a voz das vítimas permanecia ignorada. Isso as condenou a uma morte dupla: uma vez na carne, outra vez na memória. Permitir que as histórias das vítimas fossem incluídas na narrativa era apenas uma etapa para corrigir erros anteriores. Se as histórias das vítimas requerem nossa atenção, também requerem reivindicações sobre nossas simpatias e sistemas de justiça. Quando os escravos começaram a escrever suas memórias, deram passos em direção à subjetividade e ganharam reconhecimento — embora de forma lenta, mas certamente recompensadora.

Assim, o movimento para reconhecer as vítimas de massacres e escravidão teve início com as mais nobres intenções. Ele reconheceu que, muitas vezes,

---

3 Disponível no YouTube: <https://www.youtube.com/watch?v=3qkOUXkB-NS4&ab_channel=RyanLong>.

4 Ver Susan Neiman, *Heroism for an Age of Victims*. Nova York: Liveright, no prelo.

o poder e a justiça não estão em harmonia, que coisas muito ruins acontecem com todos os tipos de pessoa e que, mesmo quando não podemos modificar isso, devemos registrá-lo. Como alternativa aos milênios anteriores, quando o sobrevivente de um massacre pelas legiões romanas ou por invasores mogóis não podia esperar mais do que um lacônico «merdas acontecem», isso foi um passo em direção ao progresso. No entanto, algo deu errado quando reescrevemos o lugar da vítima; o impulso que começou com generosidade se tornou, de fato, perverso. A história de Benjamin Wilkomirski, um suíço que alegou ter passado a infância em um campo de concentração, foi um exemplo de limitação dessa perspectiva. Trapaceiros anteriores procuravam esconder suas origens problemáticas, inventando genealogias aristocráticas como forma de escalar socialmente. Afinal, qualquer um poderia ser filho de um cavaleiro errante ou de um papa perverso. Agora, esse prestígio foi substituído por outro: afirmar um nascimento mais miserável do que o verdadeiro garante novas formas de status.

Wilkomirski não estava sozinho. Para escapar da discriminação racista, os afro-americanos de pele clara já se passaram por brancos, deixando sua família para trás a fim de viverem mais livres, embora mais tristes, na classe dominante. Recentemente, no entanto, vários americanos brancos perderam seu emprego ao se passarem falsamente por negros. Um ator afro-americano foi detido por encenar uma ofensa racista contra si mesmo.[5] Um *popstar* judeu-alemão chamou atenção e causou indignação ao inventar um incidente antissemita que centenas de

---

5 Brad Parks et al., «Jussie Smollett sentenced to 150 days in jail for lying to police in hate crime hoax», *CNN*, 11 mar. 2022. Disponível em: < https://edition.cnn.com/2022/03/10/us/jussie-smollett-sentencing-trial/index.html>.

horas de investigações policiais não puderam confirmar, e agora está sendo processado por fraude.[6] A vitimização orquestrada é pérfida porque zomba das vítimas de ataques racistas reais, mas agora estou menos interessada nas consequências do que no fato de que elas são possíveis. *O que era recentemente um estigma tornou-se uma fonte de prestígio.* Quando as origens dolorosas e a perseguição já foram reconhecidas, como nas narrativas de Frederick Douglass, a dor foi um prelúdio para superá-las. Vencer a vitimização, como Douglass fez, poderia ser uma fonte de orgulho; a vitimização em si não era. A onda contemporânea de invenções de histórias piores do que as vividas é algo novo.

Reivindicações fraudulentas de status não são incomuns; basta pensar em quantas pessoas utilizam suas vivências de guerra para se destacarem como heróis. Mas, mesmo sem esse tipo de impostura, a valorização da vítima gera problemas. O que foi apelidado de Olimpíadas da vitimização alcançou dimensões internacionais. A imposição da lembrança já foi um convite para recordar feitos e ideais heroicos; agora, o «Nunca se esqueça!» é uma exigência para recordar o sofrimento. No entanto, enfrentar o sofrimento não é uma virtude, e raramente cria alguma. A vitimização deve ser uma fonte de legitimação para reivindicações de restituição, mas, quando começamos a ver a vitimização em si como a moeda de reconhecimento, estamos no caminho para separar o reconhecimento, e a legitimidade, da virtude.

O fato de não mais ignorarmos as histórias

---

6 «Gil Ofarim muss sich vor Gericht verantworten», *Spiegel Panorama*, 21 set. 2022. Disponível em: <https://www.spiegel.de/panorama/justiz/gil-ofarim-muss-sich-ab-oktober-in-leipzig-vor-gericht-verantworten-a-f6996243-62d7-4fd8-af1a-c735ae-8af9d0>.

das vítimas é um sinal de progresso moral; elas merecem nossa empatia e, sempre que possível, reparações. (É menos um sinal de progresso, embora possa ser inevitável, o fato de termos passado da rejeição impensada para a aceitação sem reflexão.) Minha pergunta é, primeiramente, o que queremos dizer quando pedimos reconhecimento. Jean Améry não queria nem mesmo erigir um monumento às vítimas do Terceiro Reich porque, como ele escreveu, «ser vítima não é uma honra em si».[7] Essa alegação surgiu de uma suposição que agora parece antiquada: os monumentos devem ser reservados àqueles cujos feitos admiramos, cujos caminhos esperamos seguir.

Jean Améry nasceu em 1912 como Hans Mayer, um judeu austríaco assimilado. Pobre demais para frequentar a universidade, não obstante ele se tornou um dos escritores e filósofos mais eruditos de sua época. Améry fugiu de Viena para a Bélgica após o *Anschluß* e se juntou a um grupo de resistência em Bruxelas, onde foi preso e torturado pela Gestapo, que o enviou para Auschwitz ao descobrir que era judeu. Seu livro *Além do crime e castigo* pode ser o mais contundente confronto com o Holocausto já escrito. Lá ele escreveu:

> Não nos tornamos mais sábios em Auschwitz, se por sabedoria se entende o conhecimento positivo do mundo. Não percebemos nada lá que já não tivéssemos sido capazes de perceber do lado de fora; nada disso nos trouxe orientação prática. Também no campo, não

---

7 Jean Améry, *Além do crime e castigo: tentativas de superação*. Trad. Marijane Lisboa. Rio de Janeiro: Contraponto, 2013.

A esquerda não é woke

nos tornamos mais profundos, se é que essa profundidade calamitosa é uma qualidade intelectual definível. Não é preciso dizer, creio, que em Auschwitz não nos tornamos melhores, mais humanos e mais maduros eticamente. Você não observa o homem desumanizado cometendo seus atos e delitos sem que todas as suas noções de dignidade humana sejam colocadas em dúvida. Saímos do campo despojados, roubados, esvaziados, desorientados — e demorou muito tempo até que pudéssemos aprender a linguagem comum da liberdade.[8]

Améry escreveu com admiração sobre Frantz Fanon, cujo livro *Pele negra, máscaras brancas* proclama: «Não sou escravo da Escravidão que desumanizou meus pais».[9] Mais recentemente, o filósofo Olúfémi O. Táíwò argumentou que «a dor, nascida ou não da opressão, é um mau professor. O sofrimento é parcial, míope e egocêntrico. Não deveríamos ter uma política que espera algo diferente. A opressão não é uma escola preparatória».[10]

Táíwò argumenta que o trauma, na melhor das hipóteses, é uma experiência de vulnerabilidade que proporciona uma conexão com a maioria das pessoas no planeta, mas «não é o que me dá um direito especial de falar, avaliar ou decidir por um grupo».[11] Ele argumenta que a valorização do trauma leva a uma política de autoexpressão em vez de mudança social.

As críticas de Améry e Táíwò contestam afirmações importantes da

---

8   Ibid. [A tradução da citação foi feita com base na tradução em inglês do original: *At the Mind's Limits: Contemplations by a Survivor on Auschwitz and Its Realities*. Bloomington: Indiana University Press, 1980. (N. E.)]

9   F. Fanon, *Pele negra, máscaras brancas*. Trad. Sebastião Nascimento; colab. Raquel Camargo. São Paulo: Ubu, 2020.

10   Olúfémi O. Táíwò, *Elite Capture: How the Powerful Took Over Identity Politics (And Everything Else)*. Chicago: Haymarket, 2022, p. 20.

11   Ibid.

---

1. Universalismo e tribalismo

epistemologia do «lugar de fala», que enfatiza as maneiras como nossas posições sociais afetam nossas reivindicações de conhecimento. Como a filósofa Miranda Fricker argumenta: «As feministas adotaram do marxismo a ideia intuitiva de que uma vida vivida na ponta de um determinado conjunto de relações de poder proporciona uma compreensão crítica (do mundo social, em primeira instância), enquanto uma vida amortecida pela posse de poder não o faz».[12]

Poucos contestariam essa percepção, que é tão intuitiva quanto importante, mas ainda restam duas perguntas. A compreensão crítica *pode* surgir da impotência, mas será que isso sempre acontece? Poucos defensores da epistemologia do «lugar de fala» argumentariam que sim. E, caso contrário, podemos permitir que a experiência da impotência seja elevada a uma fonte *inevitável* de autoridade política?

Eu preferiria que voltássemos a um modelo no qual as reivindicações de autoridade se concentrassem no que você fez ao mundo, não no que o mundo fez a você. Isso não levaria as vítimas de volta ao monte de cinzas da história. Isso nos permite honrar o fato de o cuidado com as vítimas ser uma virtude sem sugerir que ser uma vítima também é uma virtude. Ao defender assassinos condenados que estão sendo executados, Bryan Stevenson, fundador da Equal Justice Initiative, argumenta que todos são mais do que a pior coisa que já fizeram. Você quer ser definido pela pior coisa que já lhe aconteceu?

---

12 Miranda Fricker, «Feminism in Epistemology: Pluralism without Postmodernism». In: Miranda Fricker; Jennifer Hornsby (Orgs.), *The Cambridge Companion to Feminism in Philosophy*. Cambridge: Cambridge University Press, 2016, pp. 146-65. Ver também Id., *Injustiça epistêmica: o poder e a ética do conhecimento*. Trad. Breno R. G. Santos. São Paulo: Edusp, 2007.

Aqueles que estão à esquerda e se sentem desconfortáveis com o universalismo devem pensar: não há exemplo mais bem-sucedido de política identitária, com o apelo à vitimização do passado, do que o nacionalismo judaico de políticos israelenses, como o atual ministro da Segurança Nacional e terrorista condenado Itamar Ben-Gvir.[13] Inicialmente o Estado de Israel foi fundado com a esperança de que judeus, pela primeira vez, não fossem vítimas da história. Porém, como Antony Lerman e outros mostraram detalhadamente, o giro à direita na política israelense levou o Estado a adotar uma política intencional de instrumentalização da memória do Holocausto para evitar toda crítica à ocupação.[14] Essencializar a vitimização não é um caminho aconselhável para a esquerda seguir.

A política identitária não apenas reduz os múltiplos componentes de nossas identidades a um só: ela essencializa o componente sobre o qual temos menos controle. E, embora ainda se refira a um problema reconhecível, a expressão «política identitária» se tornou tóxica, adotada por conservadores que não sabem que estão praticando sua própria política identitária. Prefiro a palavra «tribalismo», que remete à barbárie, apesar da crítica de um colega bem-intencionado que expressou preocupação com o fato de o termo poder ser ofensivo aos nativos americanos. Mas a ideia não foi inventada nas Américas; ela é tão antiga quanto a

---

13 Para mais argumentos a esse respeito, ver Omri Boehm, *Radikal Universalismus*. Berlim: Ullstein, 2022.

14 Ver Antony Lerman, *Whatever Happened to Antisemitism?* Londres: Pluto, 2022. Uma versão resumida das informações mais recentes pode ser encontrada em James Banford, «Why Israel Slept», *The Nation*, 2 nov. 2023. Disponível em: <https://www.thenation.com/article/world/israel-gaza-intelligence-cyber-shield/?custno=&utm_source=Sailthru&utm_medium=email&utm_campaign=Daily%2011.2.2023&utm_term=daily>. Acesso em: 28 nov. 2023.

---

1. Universalismo e tribalismo

Bíblia hebraica. A Bíblia nos adverte, repetidas vezes, sobre o que acontece quando as pessoas se unem em torno de identidades tribais: inveja, contenda e guerra são as consequências mais comuns. O tribalismo é uma descrição do colapso civil que ocorre quando as pessoas, de qualquer tipo, veem a diferença humana fundamental como aquela entre *nossa espécie* e todas as outras.

Atualmente, o tribalismo é ainda mais paradoxal, uma vez que é sabido que a ideia de raça foi criada por racistas.[15] Durante o século XIX, nem os judeus nem os irlandeses eram considerados brancos. Os conceitos não precisam ser biológicos para ter significado; as construções sociais são tão reais quanto as condições sociais, como o racismo, as tornam. No entanto, considerando a história da categorização racial, não há garantia de que as distinções que reconhecemos hoje tenham o mesmo significado para aqueles que chegarão à idade adulta em 2050.

O livro *Letters to a Young Activist* [Cartas a um jovem ativista], do sociólogo americano Todd Gitlin, já falecido, reconhece o apelo de basear a política em identidades tribais: «Seu ponto de partida é que sua identidade foi escolhida para ser vítima. Você não escolheu isso, mas se recusa a sair dessa situação». Mas a paixão primordial que alimenta a política identitária prova ser sua fraqueza: «Por mais que faça o sangue correr, [a política identitária] muitas vezes encobre uma profunda impotência». Pois, argumenta, ela confunde grandes paixões com irritações menores, enquanto ridiculariza objetivos mais amplos, considerando-os mera retórica. «Dessa forma, a política tem como objetivo

---

15 Para um argumento particularmente ponderado, ver Karen Fields; Barbara Fields, *Racecraft: The Soul of Inequality in American Life*. Londres: Verso, 2012.

A esquerda não é woke

assegurar que sua categoria seja representada no poder, e a crítica adequada à política de outras pessoas é que elas representam uma categoria que não é a sua [...] Mesmo quando assume um caráter radical, a política identitária é uma política de grupo de interesse. Seu objetivo é mudar a distribuição de benefícios, não as regras sob as quais a distribuição ocorre».

Em última análise, conclui Gitlin, a política identitária aponta para trás, ancorando-nos no passado.

Os juristas nazistas que desenvolveram a teoria jurídica por trás das infames Leis de Nuremberg estudaram as leis raciais americanas. Eles concluíram que a regra americana de «uma gota de sangue» seria muito severa para ser aplicada na Alemanha e optaram por critérios mais brandos sobre o que era considerado judeu; qualquer pessoa que não tivesse mais de um avô judeu poderia manter a cidadania alemã, mesmo que precariamente. Os juristas apreciaram, no entanto, as maneiras pelas quais o realismo jurídico americano «demonstrou que era perfeitamente possível ter uma legislação racista mesmo que fosse tecnicamente inviável chegar a uma definição científica de raça».[16] Ainda assim, a regra de «uma gota de sangue» sustentou as leis americanas contra o casamento racial e criou categorias como «quadroon» e «octoroon».[17] Quando os especialistas americanos progressistas afirmam que o Partido Republicano está fadado a desaparecer à medida que a população branca diminui, eles são vítimas do mesmo pensamento instável que alimenta os

---

[16] James Q. Whitman, *Hitler's American Model: The United States and the Making of Nazi Race Law*. Princeton: Princeton University Press, 2017.

[17] «Quadroon» [quadrarão] foi usado para se referir a quem tem um quarto de ascendência negra (oriunda de um dos avós), e «octoroon» [oitavão], para designar aqueles com um oitavo de ascendência negra (oriunda de um dos bisavós). [N. E.]

1. Universalismo e tribalismo

incêndios racistas. Mesmo aqueles que conhecem a construção social persistem em dar a essas categorias mais poder do que merecem; de fato, quanto mais cresce o consenso de que as categorias raciais não têm lugar na ciência, mais tenazmente elas desempenham um papel na cultura política.

Ninguém nega que sua vida será diferente, e provavelmente mais curta, se você tiver nascido em Mombaça e não em Manhattan. Então, o que é universal para a humanidade que não seja uma mentira hipócrita? Comece com a dor. Mesmo em um mundo repleto de imagens violentas, você estremece, por um momento, quando depara com a foto de um corpo destruído por uma bomba. Ainda que tenha sido transmitida de um país estrangeiro, poderia ter sido o seu próprio corpo. Como afirmou Wittgenstein, não é necessário fazer uma análise complexa da dor do outro e relacioná-la à sua; a empatia é instantânea, embora geralmente seja passageira. É o tipo de compaixão que Jean-Jacques Rousseau afirmou ser anterior à razão e que se encontra não apenas nos seres humanos, mas também em outros animais.

E por falar em corpos: eles são compostos de muitas partes. A carne pode ser encontrada em uma grande variedade de formas, cores e tamanhos, assim como as culturas e as histórias, e é tão interessante quanto elas. Mas os ossos são a estrutura que mantém os corpos unidos. Ser universalista significa que é possível encontrar fascinação e alegria em todas as maneiras pelas quais as pessoas diferem — e, ainda assim, voltar-se para os ossos que nos sustentam e nos unem. Eles também são o que sobra de nós quando vamos embora.

A esquerda não é woke

Quais são as outras características humanas comuns que podemos encontrar em todos os tempos e lugares? Não faltam candidatos, mas vamos considerar outro que Rousseau acreditava fundamental, embora seja menos visceral do que a simpatia pela dor física. Nascemos livres e temos a tendência a resistir às tentativas de restringir nossa liberdade, como sugerem os recentes protestos de Tel Aviv a Teerã. Além disso, consideramos natural que alguém resista a essas tentativas. «A declaração de que 'somos seres humanos'», escreveu Jean-Paul Sartre, «está na base de toda revolução.»[18] Podemos ir além: todo argumento contra a escravidão, o colonialismo, o racismo ou o sexismo está incorporado na pergunta «Ela não é um ser humano?». O filósofo Ato Sekyi-Otu diz que a pergunta é tão natural em seu idioma quanto no inglês de Thomas Jefferson. Sekyi-Otu considera um insulto sugerir que a ideia de ser humano foi trazida da Europa.[19]

A pergunta de Judith Butler tinha a intenção de ser retórica: «Que tipo de imposição cultural é afirmar que um kantiano pode ser encontrado em todas as culturas?». A resposta de Sekyi-Otu a Butler: «Não é imposição alguma; nossos vernáculos nativos fazem esse trabalho regularmente».[20] Com base nos melhores insights da filosofia da linguagem, ele nos pede que prestemos atenção ao que os falantes nativos fazem quando justificam uma afirmação moral. «Dê crédito à Europa», continua ele, «para dar expressão formal e institucional às instituições e sonhos comuns da humanidade.

---

18 Jean-Paul Sartre, «Materialismo e Revolução». In: Jean-Paul Sartre, *Situações III*. Trad. Rui Mário Gonçalves. Lisboa: Europa-América, 1971.
19 Ato Sekyi-Otu, *Left Universalism, Africacentric Essays*. Nova York: Routledge, 2019.
20 Ibid.

1. Universalismo e tribalismo

Mas não conceda ao Ocidente direitos exclusivos de propriedade.»[21]

Apelar para a humanidade daqueles que estão sendo desumanizados é a forma universal que usamos para responder à opressão em todos os lugares. O fato de Jefferson e Kant não terem praticado o que pregaram não é argumento contra o que defendiam.

O universalismo tem sido criticado pela esquerda porque é confundido com o falso universalismo: a tentativa de impor certas culturas a outras em nome de uma humanidade abstrata que reflete apenas o tempo, o lugar e os interesses de uma cultura dominante. Isso acontece diariamente em nome do globalismo corporativo, que procura nos convencer de que a chave para a felicidade humana é um vasto shopping center universal. Mas vamos pensar na façanha de fazer essa abstração original para a humanidade. As perspectivas anteriores eram essencialmente particulares, uma vez que as ideias mais antigas de lei são religiosas, desde os pequenos estados gregos, onde as deusas ofereciam refúgio às pessoas que eram perseguidas pelas deusas da cidade-Estado vizinha. (Considere a *Oresteia*.) A maioria das leis religiosas estabelecia alguma restrição para os membros de uma religião diferente, embora, na maioria das vezes, isso fosse desrespeitado. A ideia de que uma lei deve ser aplicada a senhores e camponeses, protestantes e católicos, judeus e muçulmanos, simplesmente por serem humanos, é uma conquista recente, que agora molda nossas suposições de forma tão completa que não conseguimos reconhecê-la como uma conquista. Precisamos honrar essa façanha de abstração, mesmo aqueles que foram influenciados pelo Iluminismo e

---

21 Ibid.

A esquerda não é woke

não conseguiram alcançar a grande conquista que haviam construído e ficaram aprisionados nas barreiras do preconceito local.

Vamos também considerar o oposto: ideias como as do teórico jurídico nazista Carl Schmitt, que escreveu que «quem diz 'humanidade' pretende enganar».[22] Tal como muitas de suas afirmações, essa não era original. Ele estava ecoando o pensador de direita Joseph de Maistre, que escreveu em 1797: «Ora, não existem *homens* no mundo. Já vi, na minha vida, franceses, italianos, russos etc.; sei mesmo, graças a Montesquieu, que se pode ser persa; mas, quanto ao homem, declaro nunca o ter encontrado».[23]

Schmitt é consideravelmente mais difícil, mas ainda mais perturbador. Para Schmitt, nem mesmo todos os membros do *Homo sapiens* são considerados humanos. Seu livro *Terra e mar* restringe a humanidade àqueles que estão enraizados na terra. Os britânicos e os habitantes das Ilhas Fiji são povos do mar, que ele às vezes chama de povo do peixe. (Sim, *Fischmenschen*.) Sem uma marinha ou uma pátria, os judeus não são nem peixes nem aves, mas, de acordo com esse texto de 1942, certamente não são humanos. Schmitt, de fato, sustenta que conceitos universais como *humanidade* são criações judaicas que visam ocultar interesses judaicos específicos que buscam o poder em uma sociedade não judaica.[24] Essa também é uma afirmação de Adolf Eichmann.[25] O argumento é perigosamente semelhante ao argumento

---

22 Carl Schmitt, *O conceito do político*. In: Carl Schmitt, *O conceito do político / Teoria do partisan*. Trad. Geraldo de Carvalho. Belo Horizonte: Del Rey, 2008, p. 59.

23 Joseph de Maistre, *Considerações sobre a França*. Trad. Rita S. Fonseca. Coimbra: Almedina, 2010, p. 180.

24 Ver Raphael Gross, *Carl Schmitt and the Jews*. Madison: University of Wisconsin Press, 2007.

25 Ver Bettina Stangneth, *Eichmann Before Jerusalem*. Nova York: Knopf, 2014.

1. Universalismo e tribalismo

atual de que o universalismo iluminista esconde interesses europeus específicos que buscam o poder em um mundo cada vez mais não branco.

Nenhuma crítica do contrailuminismo reconheceu que *humano* não é um conceito empírico, como *cachorro*, ou *francês*, que você pode identificar após um ou dois momentos de exame. Em vez de ccoar a famosa citação de Schmitt, seria possível dizer: «Quem diz 'humanidade' está fazendo uma afirmação normativa». Isso pode ser confirmado por uma linguagem como a primeira frase da Constituição alemã: «A dignidade da pessoa humana é inviolável». Como uma declaração de fato, isso é ridículo; as palavras foram escritas apenas alguns anos depois que o Terceiro Reich violou a dignidade humana de maneiras até então inimagináveis. O que elas significam é extremamente importante: reconhecer alguém como humano é reconhecer uma dignidade nele que *deve* ser honrada. Isso também implica que esse reconhecimento é uma conquista: contemplar a humanidade nas suas diversas formas é uma façanha que requer esforço além das aparências. Nesse sentido, Foucault estava certo ao dizer que o ser humano é uma invenção recente. Como outros produtos da Modernidade, ele não valorizava essa invenção e esperava que ela desaparecesse. «Nossa tarefa», escreveu, «é nos emanciparmos do humanismo» — o que exigiria aceitar a morte do humano, como ele sustentou em *As palavras e as coisas*.

A abstração da humanidade é precária, mais fácil de pensar do que de agir. Se reconhecer a humanidade de alguém significa reconhecer seu direito de ser tratado com dignidade, escravizá-lo ou aniquilá-lo nega sua humanidade. Pense nos negros tratados como animais de carga ou nos judeus tratados como

A esquerda não é woke

vermes. Durante a guerra no Vietnã, era comum ouvir comentaristas americanos explicarem solenemente que os asiáticos se importavam menos com a morte do que outros povos. Ainda me lembro da cara séria dos jornalistas.

A virada da esquerda para o tribalismo é particularmente trágica, uma vez que os primeiros movimentos anticolonialistas e de direitos civis se opunham abertamente ao pensamento tribal em todas as suas formas. Seus pontos fortes eram expressos em canções que afirmavam: «Todos os homens são escravos até que seus irmãos sejam livres». O tribalismo é um jogo perigoso, como a direita percebeu rapidamente. Se as reivindicações das minorias não são consideradas direitos humanos, mas sim direitos de grupos específicos, o que impede a maioria de lutar pelos seus próprios direitos? Foi impossível ignorar essa questão depois da eleição de Trump, assim como nos movimentos identitários que cresceram recentemente na Inglaterra, França, Holanda e Alemanha. Seus membros assumem, de forma consciente, que são parte de uma tendência inofensiva: se outros grupos têm a permissão de lutar pelos seus direitos, por que os europeus brancos não deveriam defender os seus?

A resposta não é, de fato, muito difícil. Após a eleição de Trump em 2016, surgiu um debate nos Estados Unidos: o apoio liberal à política identitária foi o responsável pelos resultados?[26] Será que as questões menores sobre formas sutis de discriminação afastaram os eleitores brancos, que acabaram apoiando Trump por motivos mais fundamentais, como os econômicos?

---

26 Ver Mark Lilla, *O progressista de ontem e o do amanhã: desafios da democracia liberal no mundo pós-políticas identitárias*. Trad. Berilo Vargas. São Paulo: Companhia das Letras, 2018.

1. Universalismo e tribalismo

A pergunta era ao mesmo tempo presciente e ligeiramente enganosa. O racismo contra os negros, que muitas vezes leva a assassinatos, não é uma questão menor, mas um crime, assim como a violência contra mulheres e membros de comunidades LGBT. Para aqueles que pensam que apenas os interesses tribais são legítimos, porém, os apelos à indignação de outras pessoas diante de tais crimes não fazem sentido; apenas argumentos baseados nos interesses de grupos específicos parecem sólidos.

Hannah Arendt achava que Adolf Eichmann deveria ter sido julgado por crimes contra a humanidade, não por crimes contra o povo judeu. É uma distinção que parecia trivial na época, mas sua importância está cada vez mais clara. Meu apoio ao Black Lives Matter (BLM) não decorreu nem da filiação tribal nem da culpa pelos erros cometidos por meus ancestrais, judeus pobres do Leste Europeu que imigraram para Chicago no início do século XX. Apoiei o BLM porque a morte de pessoas desarmadas é um crime contra a humanidade. Ao mesmo tempo, rejeitei o contramovimento branco que gritava «Todas as vidas importam», porque ele usa uma verdade geral banal para desviar a atenção de uma verdade empírica relevante, ou seja, a evidência de que os afro-americanos têm maior probabilidade de sofrer discriminação e violência do que outros americanos. É um fato empírico, mas é preciso ter um conceito de verdade para enxergá-lo.

Inicialmente, o Black Lives Matter era um movimento universalista. Independentemente do número de manifestantes (cerca de 26 milhões só nos Estados Unidos) ou do número de manifestações amplamente pacíficas (em 4.446 cidades americanas), foi o maior movimento social da história dos Estados Unidos.

A esquerda não é woke

As manifestações de 2020 foram mais diversificadas em termos raciais do que qualquer outro movimento americano anterior contra o racismo. De acordo com pesquisas realizadas em Los Angeles, Nova York e Washington, D.C., 54% dos manifestantes se identificaram como brancos. Mais da metade disse que essa foi a primeira manifestação da qual haviam participado.

Essa rejeição americana ao supremacismo branco repercutiu em todo o mundo. Não menos importante porque a Grã-Bretanha terceirizou a maior parte de sua escravidão para as colônias, os britânicos têm sido ainda mais lentos do que os americanos para lembrar as histórias que eles preferem esquecer. Uma pesquisa do *Guardian* feita três meses antes das manifestações do Black Lives Matter mostrou que apenas 19% dos britânicos sentiam vergonha ou arrependimento do Império Britânico. Portanto, a velocidade da mudança de atitude na Grã-Bretanha foi particularmente surpreendente. A estátua de um traficante de escravos foi cerimoniosamente jogada no porto de Bristol, o pedestal do memorial de Churchill foi pintado com um lembrete de seu racismo. As mudanças simbólicas foram acompanhadas por demandas de mudanças estruturais: tornar a história negra e colonial obrigatória em todo o sistema escolar, examinar as práticas policiais que, embora não sejam tão frequentemente mortais em Londres quanto em Nova York, ainda assim são racistas. As estátuas do rei Leopoldo II, cujas políticas levaram ao assassinato de cerca de 10 milhões de congoleses, foram pintadas com tinta cor de sangue na Bélgica, enquanto outras estátuas em todo o mundo estão sendo contextualizadas. Os australianos começaram a pedir mais do

1. Universalismo e tribalismo

que desculpas pelas injustiças cometidas contra os povos originários. Ao ouvir vozes de todo o mundo, extraordinariamente diversas em termos de idade, classe e origem étnica, duas coisas ficaram claras: a solidariedade bem-informada com o movimento Black Lives Matter nos Estados Unidos e o compromisso de enfrentar suas próprias histórias racistas. Na Alemanha, preocupada há décadas com seus crimes contra os judeus, os apelos para reconhecer sua curta, porém brutal, história colonial e devolver as obras de arte saqueadas foram finalmente ouvidos. No Japão, muito mais relutante em reconhecer seus crimes de guerra do que seu antigo aliado, milhares de pessoas se manifestaram durante um mês em solidariedade aos negros americanos e em protesto contra o racismo japonês.

Nenhum dos protestos conseguiu acabar com a violência policial, pois os problemas, como aprendemos, são estruturais. Como me explicou o chefe de polícia aposentado de uma grande cidade do sul do país, o número de horas de treinamento necessárias para ingressar na força policial em seu estado é menor do que as necessárias para se tornar um cabeleireiro. É isso mesmo. Em alguns estados, é mais difícil obter uma licença para lavar, cortar e secar o cabelo de alguém do que uma licença para aplicar a lei com uma arma letal. Informações como essas sugerem que slogans como «Defund the police» [Desfinancie a polícia] são equivocados. O que é necessário é um melhor financiamento: para que o treinamento ensine o policial a distinguir problemas criminais de problemas de saúde mental, para cuidar daqueles cujas crises de saúde mental podem ser erroneamente interpretadas como criminosas;

A esquerda não é woke

para programas comunitários que ofereçam habilidades, treinamento e esperança para jovens negros cuja falta de perspectiva torna a raiva, ou pelo menos o tráfico de drogas, a mais razoável das opções disponíveis.

Não é de admirar que os protestos tenham começado nos Estados Unidos. Não é só porque, embora o racismo seja um problema internacional, mais pessoas morrem dele nas ruas dos Estados Unidos. (Ou em suas camas. Breonna Taylor, uma jovem médica afro-americana, foi morta em uma batida policial ilegal à meia-noite em seu apartamento em Louisville, Kentucky.) Ainda mais importante, ao contrário de outras nações, os Estados Unidos afirmam ter sido fundados em um conjunto de ideais. Os historiadores há muito tempo trabalham para mostrar até que ponto a realidade americana diverge dos ideais americanos. Mas o caminho dos arquivos até a consciência pública é longo. Até bem recentemente o excepcionalismo americano dominou amplamente a compreensão pública da história, e em muitos estados agora é ilegal questioná-lo. Embora quem apoia esse excepcionalismo às vezes reconheça que a história dos Estados Unidos diverge de seus ideais, ele concentra sua atenção nas tentativas de uni-los. Ocasionalmente, até mesmo filósofos o faziam: pense no apoio de Ralph Waldo Emerson e Henry David Thoreau não apenas aos tipos mais silenciosos de abolicionistas, mas também na defesa veemente de John Brown, ou na denúncia de William James sobre o crescente imperialismo americano. É significativo o fato de os afro-americanos sempre terem desempenhado um papel importante em manter a nação sob pressão. Pouquíssimos apoiaram os movimentos Back-to-Africa. De Frederick

1. Universalismo e tribalismo

Douglass a Paul Robeson e Toni Morrison, os afro-americanos têm estado na vanguarda daqueles que exigem que os Estados Unidos estejam à altura dos ideais que proclamam. O choque que os observadores estrangeiros expressaram após o ataque ao Capitólio dos EUA em 2021 mostrou que os americanos não são os únicos que se apegam a esses ideais. Amigos do Senegal, do Egito e da Índia me telefonaram para expressar tristeza: eles sabiam que coisas assim aconteciam em seus países, mas, embora soubessem muito sobre suas falhas, de algum modo ainda acreditavam que os Estados Unidos eram diferentes.

Contudo, apesar do caráter universalista do movimento BLM de 2020, a direita racista foi rápida em descartá-lo, considerando-o um exemplo de política identitária. Talvez a própria amplitude e a diversidade dos que exigiam o fim da violência contra os negros os tenham deixado nervosos. Em junho de 2020, 77% de todos os americanos concordaram que o racismo sistemático é um grande problema. Quando foi que vimos pesquisas como essa? Infelizmente, não foi apenas a direita que se moveu em direção à retórica tribal. O novo acontecimento espelhou aquele ocorrido meio século antes, quando a organização de direitos civis Student Nonviolent Coordinating Committee (SNCC) votou pela expulsão de seus membros brancos, apesar de muitos ativistas brancos terem sido espancados e de dois terem morrido na luta conjunta pelo direito de voto dos afro-americanos. Havia razões para a decisão: quando apelos ao universalismo e à justiça são por muito tempo ignorados, é fácil compreender os apelos ao tribalismo e ao poder. Mas, como Kenan Malik argumenta contra Stokely Carmichael, «Apesar da bravata revolucionária, isso era coisa de mediação comunitária, de máquina política e Tammany Hall,[27] do exercício de poder grupal em uma sociedade plural. Em seu cerne havia dois temas profundamente conservadores».[28] A tarefa daqueles de nós que estão comprometidos com o universalismo e com a justiça é exigir que essas ideias se tornem realidade – e não levantar as mãos em desespero.

No outono de 2020, poucas vozes que falavam em defesa do Black Lives Matter eram universalistas. Algumas rejeitaram explicitamente a ideia de que se tratava de um movimento em nome de ideais comuns, embora admitissem que aliados brancos pudessem desempenhar um papel. Mas não sou uma aliada. As convicções desempenham um papel menor nas alianças, e é por isso que elas geralmente são curtas. Se meus interesses pessoais se alinharem com os seus, por um momento poderíamos formar uma aliança. Os Estados Unidos e a União Soviética foram aliados até a derrota do regime nazista. Quando os EUA decidiram que seus interesses estavam no recrutamento de ex-nazistas para derrotar o comunismo, a União Soviética passou de aliada a inimiga. Que interesse levou milhões de pessoas brancas às ruas ameaçadas pela pandemia para gritar «Black Lives Matter»? Não se tratava de uma aliança, mas de um compromisso com a justiça universal. Dividir os membros de um movimento em aliados e não aliados mina as bases da solidariedade profunda e destrói o que significa ser de esquerda.

---

27 Tammany Hall foi uma sociedade política formada por membros do Partido Democrata dos Estados Unidos, que dominou Nova York no final do século XIX e que se notabilizou pela máquina partidária corrupta e pelo abuso de poder. [N. E.]

28 Malik, *Not So Black and White*. Londres: Hurst and Company, 2023, p. 222.

---

1. Universalismo e tribalismo   51

É claro que não é apenas uma teoria ruim que alimenta o desejo de tribalismo. A raiva desempenha um papel importante. É quase insuportável que o maior movimento social da história americana não tenha conseguido impedir o assassinato contínuo de pessoas de cor. Com base nesses conhecimentos, é fácil concluir que os policiais brancos que se ajoelharam em Nova Jersey ou os veteranos brancos com camisetas do BLM que enfrentaram os policiais no Oregon não tiveram nenhuma contribuição relevante.

Mas eles contam para alguma coisa, especialmente para aqueles de nós, negros e brancos, que se lembram de homens como Bull Connor. Eles terão ainda mais importância se resistirmos às raízes do tribalismo. Para fazer isso, precisamos de um pouco de história intelectual.

Atualmente, é comum acreditar que o universalismo, assim como outras ideias iluministas, seja uma farsa para encobrir visões eurocêntricas que apoiavam o colonialismo. Quando ouvi essas afirmações pela primeira vez, há cerca de quinze anos, achei que eram tão frágeis que logo desapareceriam. Pois essas afirmações não são simplesmente infundadas: elas viram o Iluminismo de ponta-cabeça. Os pensadores iluministas *inventaram* a crítica ao eurocentrismo e foram os primeiros a atacar o colonialismo, com base em ideias universalistas. Para constatar isso, não é preciso ler os textos mais difíceis do Iluminismo; uma edição de bolso de *Cândido* é suficiente. Para uma diatribe sucinta contra o fanatismo, a escravidão, a pilhagem colonial e outros males europeus, dificilmente se pode fazer melhor.

Como se pode ver, minha capacidade de prever tendências intelectuais é escassa: nos últimos anos, o Iluminismo tem sido considerado responsável pela maior parte de nossa miséria, assim como, há um século, a fonte do sofrimento contemporâneo era chamada de modernidade. Afinal de contas, a culpa deve ser de algo grande. A crítica ao Iluminismo pode ter começado nas universidades americanas, mas seu alcance se espalhou pela cultura de grande parte do mundo ocidental. Um dos muitos exemplos: a Alemanha normalmente investe milhões em celebrações nacionais de seus tesouros culturais; nas últimas duas décadas, tivemos um Einstein-Jahr, um Luther-Jahr (apesar do virulento antissemitismo de Lutero), um Beethoven-Jahr, um Marx-Jahr. O consenso contra o Iluminismo é agora tão amplo que não foi fácil organizar um ano dedicado ao tricentenário de nascimento de Immanuel Kant, cujo planejamento tem sido avalassadoramente tímido.

Iluminismo é um conceito contestado que significa coisas diferentes até mesmo para aqueles que o estudam. Seu ponto alto no século XVIII teve predecessores, mas aqui uso a palavra para me referir a um movimento intelectual e político que floresceu em 1698 com a publicação do *Dicionário Histórico e Crítico* de Pierre Bayle e terminou em 1804 com a morte de Kant. O Iluminismo estava comprometido com uma série de ideias, mas o foco aqui será naquelas que chamei de fundamentais para a esquerda: compromissos com o universalismo, a justiça e a possibilidade de progresso. É claro que o Iluminismo não realizou todos os ideais que defendeu, mas é nisso que consistem os ideais. Algumas das críticas feitas hoje poderiam ter fortalecido o Iluminismo ao mostrar que, por meio da autocrítica incansável que inventou, ele tinha o poder de

1. Universalismo e tribalismo

corrigir a maioria de seus próprios erros. Em vez disso, aqueles que poderiam ter aprendido algo do Iluminismo têm se empenhado em atacá-lo.

Eles esquecem que o Iluminismo surgiu de uma paisagem devastada, em um continente encharcado de sangue. Aqueles que descartam os pensadores do Iluminismo, considerando-os ingênuos ou otimistas, não apenas ignoram seus escritos; mais do que isso, ignoram a história que serviu de pano de fundo para seu pensamento. Foi uma história marcada por ondas de peste sem cura e guerras religiosas sempre recorrentes, nas quais inúmeras pessoas morreram. (O romance best-seller de Daniel Kehlmann, *Tyll*, oferece uma imagem vívida desse mundo.) As mulheres eram regularmente queimadas vivas por suspeita de bruxaria, e os homens eram jogados acorrentados em calabouços por escreverem um panfleto. Do outro lado do Atlântico, chegavam notícias de barbaridades cometidas contra os povos do Novo Mundo. Não é de admirar que nenhuma época da história tenha escrito mais, ou com mais paixão, sobre o problema do mal.

Nesse cenário, o Iluminismo introduziu a própria ideia de *humanidade* que seus críticos, como De Maistre, não reconheciam. Os pensadores do Iluminismo insistiam que todos, cristãos ou confucionistas, parisienses ou persas, são dotados de uma dignidade inata que exige respeito. Essa ideia pode ser encontrada em textos sagrados de diversas religiões, como judaísmo, cristianismo e islamismo, que afirmam que alguns de nós foram criados à imagem de Deus. No entanto, durante o Iluminismo, essa ideia baseou-se na razão e no pensamento crítico, em vez de ser baseada em revelações divinas. Seja qual for a

A esquerda não é woke

crença sobre o que aconteceu no Jardim do Éden, é possível chegar a essa conclusão pela razão e reflexão sobre a natureza humana.

Com base na ideia de que todos, sem distinção de origem, têm o direito à dignidade humana, não se pode concluir que as diferenças entre as pessoas não são relevantes. As histórias e culturas individuais dão forma à humanidade abstrata. Porém o que se segue é uma noção de direitos humanos que devem ser garantidos a todos, independentemente da história que viveram ou da cultura que habitam.

O conceito de direitos humanos e suas implicações para a prática têm sido contestados desde que Jeremy Bentham os chamou de absurdos sobre palafitas em 1796. No entanto, mesmo sem uma explicação ontológica do que são esses direitos, está claro que a expansão dos direitos humanos desempenha um papel político cada vez mais significativo. O escritor Tom Keenan argumenta que os direitos,

> especialmente os direitos humanos, são mais bem tratados como *coisas que reivindicamos* do que como *coisas que temos*. Essa pode parecer uma questão de palavras menor, mas acredito que tem o potencial de desafiar profundamente as formas como pensamos e agimos com o discurso dos direitos humanos. Não enfraquece o alcance dessas reivindicações admitir que são apenas reivindicações; na verdade, isso pode fortalecê-las, tornando-as menos essencialistas, dogmáticas, sagradas ou, como Michael Ignatieff disse certa vez, idólatras.[29]

---

29 Thomas Keenan, «Or Are We Human Beings?», *e-flux*, fev. 2017. Disponível em: <https://www.e-flux.com/architecture/superhumanity/68719/or-are-we-human-beings/>. Acesso em: 30 nov. 2023.

Afirmar que os direitos de alguém foram violados é encarar sua dor como uma injustiça, e não como uma questão de piedade. Seguindo o clássico *A invenção dos direitos humanos*, de Lynn Hunt, Keenan argumenta que a abstração aparentemente incapacitante dos direitos humanos e sua falta de fundamentação metafísica é uma fonte de seu poder. «A noção dos 'direitos do homem', como a própria revolução, abriu um espaço imprevisível para discussão, conflito e mudança.»[30]

Portanto, não é de surpreender que tenha sido controversa a tentativa de estabelecer um cânone de direitos humanos após a devastação da Segunda Guerra Mundial. Os Estados Unidos reconheceram os direitos políticos, mas não os sociais. A União Soviética não reconheceu o direito à liberdade de viajar. A África do Sul não queria nada que limitasse o apartheid, e a Arábia Saudita se opunha à concessão de direitos iguais às mulheres. O que é particularmente surpreendente é que, após dois anos de discussões entre os membros do comitê de nações tão distintas quanto Canadá, Líbano e China, um documento que tinha como objetivo transcender as diferenças culturais e políticas pôde ser assinado. Com dez abstenções, as 58 nações que pertenciam às Nações Unidas na época concordaram com os trinta artigos que compõem a Declaração Universal dos Direitos Humanos. Eleanor Roosevelt, que presidiu o comitê, sabia que a declaração não poderia criar obrigações, mas esperava que «servisse como um padrão comum de realização para todas as pessoas de todas as nações».[31] Ser de

---

30 Lynn Hunt, *A invenção dos direitos humanos*. Trad. Rosaura Eichenberg. São Paulo: Companhia das Letras, 2009, p. 176.

31 Eleanor Roosevelt, «On the Adoption of the Universal Declaration of Human Rights», discurso proferido em 9 de dezembro de 1948, em Paris (França).

esquerda é defender esse padrão, concordando com as Nações Unidas que

> Todos os direitos humanos são indivisíveis, sejam eles direitos civis e políticos, assim como o direito à vida, à igualdade perante a lei e à liberdade de expressão; direitos econômicos, sociais e culturais, como o direito ao trabalho, à seguridade social e à educação, ou direitos coletivos, como os direitos ao desenvolvimento e à autodeterminação, são indivisíveis, inter-relacionados e interdependentes. A melhoria de um direito facilita o avanço dos outros. Da mesma forma, a privação de um direito afeta negativamente os outros.[32]

A Era das Luzes pode ter falado de direitos e razão, mas também foi a era da escravidão e do colonialismo.
Essa acusação confunde as realidades do século XVIII com os pensadores do Iluminismo que lutaram para mudá-las — muitas vezes com considerável risco pessoal. Afirmações como essa mostram a insensatez de confundir correlação com causalidade; o fato de pensadores iluministas escreverem em uma época em que o tráfico de escravos e o colonialismo se expandiam não é motivo para considerá-los responsáveis. (Pense em todos os acontecimentos recentes que você pode ter desaprovado, talvez duramente. Os poderes públicos sempre reagiram?)

A acusação de que o Iluminismo era eurocêntrico é uma das mais desconcertantes. Quando os teóricos pós-coloniais contemporâneos insistem, com razão, que aprendemos

---

32 Alto Comissariado das Nações Unidas para os Direitos Humanos, «What Are Human Rights?». Disponível em: <https://www.ohchr.org/en/what-are-human-rights>. Acesso em: 30 nov. 2023.

1. Universalismo e tribalismo

a enxergar o mundo sob a perspectiva de não europeus, eles estão ecoando uma tradição que remonta a Montesquieu, que usou persas fictícios para criticar os costumes europeus de um modo que não poderia ter feito com segurança, como um francês, escrevendo em sua própria voz. As *Cartas persas* de Montesquieu foram seguidas por dezenas de outros escritos usando o mesmo artifício. O *Diálogo com um hurão*, de Lahontan, e o *Suplemento à Viagem de Bougainville*, de Diderot, criticaram as leis sexuais patriarcais da Europa, que criminalizavam as mulheres que geravam filhos fora do casamento, sob a perspectiva dos hurões e taitianos, mais igualitários. Os ataques mais incisivos de Voltaire ao cristianismo foram escritos na voz de um imperador chinês e na de um padre indígena sul-americano.

Em seu recente best-seller *O despertar de tudo*, o antropólogo David Graeber e o arqueólogo David Wengrow apresentam um argumento interessante. As críticas iluministas à Europa a partir das perspectivas de observadores não europeus costumam ser lidas como estratégias literárias: esses escritores colocam seus próprios pensamentos na boca de não europeus imaginários para evitar a perseguição que, de outra forma, sofreriam por expressá-las. Graeber e Wengrow insistem que os interlocutores não europeus eram reais. Seus argumentos se baseiam, em grande parte, em um estudo do *Diálogo com um hurão*, de Lahontan, publicado no início do Iluminismo, em 1703, um livro de enorme sucesso que inspirou diversas imitações. O livro do escritor francês relata uma série de conversas com um pensador e estadista wendat, chamado Kandiaronk, ao longo dos anos que Lahontan passou no Canadá, tornando-se fluente em algonquino e wendat. Em vez de

A esquerda não é woke

presumir, como muitos fizeram, que os povos indígenas eram incapazes dos argumentos políticos sofisticados atribuídos a Kandiaronk, Graeber e Wengrow apresentam evidências de que o Kandiaronk histórico era conhecido por seu brilhantismo e eloquência e participava exatamente do tipo de debates com os europeus que Lahontan registrou.

Suas evidências são inconclusivas, e algumas de suas afirmações sobre o Iluminismo são falsas.[33] O histórico Kandiaronk foi apenas um exemplo de muitas vozes que chegaram aos ouvidos dos iluministas. As críticas indígenas ao dinheiro, aos direitos de propriedade e às hierarquias sociais atraíram a atenção dos europeus desde o século XVI. Elas certamente influenciaram as críticas do Iluminismo, como atestaram os pensadores iluministas. Talvez nunca saibamos quantas foram imaginadas e quantas não foram. Como a maioria dos empreendimentos literários, elas provavelmente eram uma mistura de ambos. Apesar de mostrarem o que os defensores europeus e não europeus do Iluminismo tinham em comum, Graeber e Wengrow sugeriram que o Iluminismo tinha de ser resgatado atribuindo-lhe uma origem não europeia e que os europeus surrupiaram as ideias indígenas junto com seu território. No entanto, o que os debates sobre *O despertar de tudo* enfatizam, sem sombra de dúvida, é que o Iluminismo foi pioneiro ao rejeitar o eurocentrismo e incentivar os europeus a se examinarem sob a perspectiva do resto do mundo.

A discussão iluminista sobre o mundo não europeu raramente era desinteressada. Seus pensadores estudaram o Islã

---

33 David A. Bell, «A Flawed History of Humanity», *Persuasion*, 19 nov. 2021. Disponível em: <https://www.persuasion.community/p/a-flawed-history-of-humanity>. Acesso em: 1º dez. 2023.

a fim de encontrar uma religião universal que pudesse destacar as falhas do cristianismo. Bayle e Voltaire argumentaram que o Islã era menos cruel e sangrento do que o cristianismo porque era mais tolerante e racional. A sinofilia que varreu o início do Iluminismo não era uma questão de porcelana, ou simples curiosidade sobre uma cultura antiga e distante; estudar os chineses fazia parte de uma agenda. Os burgueses franceses que se irritavam com as restrições feudais que davam contratos governamentais aos aristocratas elogiavam o sistema confucionista, no qual o avanço era baseado em tanto mérito quanto as provas dos vestibulares podem medir. A prática de usar partes da antropologia transcultural para reforçar os argumentos de alguém era tão comum que foi usada, ou parodiada, por Marquês de Sade. Sade deu uma reviravolta em um tropo: na maioria das vezes, o objetivo de examinar culturas não europeias era apontar os defeitos das europeias. Na obra de Sade, as listas de crimes não europeus, muitas vezes acompanhadas de notas de rodapé ilusórias, têm o objetivo de provar o contrário: você encontrará crueldade sem fim aonde quer que vá.[34]

Alguns retratos iluministas de não europeus serão irritantes para nós. Dadas as possibilidades limitadas de viagem, os pensadores do século XVIII tinham de confiar em um pequeno número de relatos que, muitas vezes, repetiam caricaturas que serviam aos interesses coloniais. Mas, diferentemente dos críticos de hoje, os pensadores do Iluminismo tinham plena consciência

---

34 Marquês de Sade, *História de Juliette ou as prosperidades do vício*. Trad. Rui S. Brito. Lisboa: Guerra & Paz, 2007; ver também Neiman, *O mal no pensamento moderno, uma história alternativa da filosofia*. Trad. F. Abreu. Rio de Janeiro: Difel, 2003.

das lacunas de seu próprio conhecimento. Eis o que escreveu Rousseau em 1754:

> Nestes trezentos ou quatrocentos anos em que os habitantes da Europa inundam as outras partes do mundo e publicando sem cessar novas coletâneas de viagens e relatos, estou persuadido de que os únicos homens que conhecemos são os europeus. [...] não conhecemos os povos das Índias Orientais, frequentadas unicamente por europeus mais interessados em encher a bolsa do que a cabeça. A África inteira e seus numerosos habitantes, tão singulares por seu caráter como por sua cor, ainda carecem de exame. A terra toda é coberta de nações das quais só conhecemos os nomes, e nós nos metemos a julgar o gênero humano![35]

Rousseau não foi exceção. Diderot advertiu sobre a impossibilidade de emitir juízos a respeito da China sem um profundo conhecimento de sua língua e literatura, e a oportunidade de «viajar por todas as províncias e conversar de forma aberta com os chineses de todos os níveis». Kant apontou a dificuldade de tirar conclusões de relatos etnográficos mutuamente contraditórios; alguns desses argumentos defendiam a superioridade intelectual dos europeus, enquanto outros apresentavam evidências igualmente plausíveis das habilidades naturais iguais dos africanos e dos nativos americanos. Conscientes dos limites de seu conhecimento, os grandes pensadores do Iluminismo recomendavam cautela e ceticismo ao ler descrições empíricas sobre pessoas não europeias. No entanto, criticavam ferozmente os

---

35 Jean-Jacques Rousseau, *A origem da desigualdade entre os homens.* Trad. Eduardo Brandão. São Paulo: Companhia das Letras, 2017.

1. Universalismo e tribalismo

preconceitos egoístas que alimentavam relatos com motivação política. Eis o que afirma Diderot sobre a conquista espanhola do México: «Eles imaginavam que esse povo não tinha uma forma de governo porque não estava investido em uma única pessoa; nenhuma civilização porque era diferente da de Madri; nenhuma virtude porque não eram da mesma convicção religiosa; e nenhuma compreensão porque não adotavam as mesmas opiniões».[36]

Essas palavras, como muitas outras, foram publicadas anonimamente, uma medida adequada para evitar a repetição da prisão que Diderot já havia experimentado por causa de escritos anteriores. Nem todos os autores do Iluminismo tiveram a mesma sorte, pois os perigos que enfrentavam não se limitavam a reações raivosas no Twitter. Hoje, o nome de Christian Wolff é conhecido apenas pelos acadêmicos, mas no início do século XVIII ele era o filósofo mais famoso da Alemanha e uma grande influência para o jovem Immanuel Kant. No entanto, em 1723, ele recebeu um aviso com 48 horas de antecedência para deixar sua cátedra em Halle e o Estado da Prússia, ou enfrentar a execução. Seu crime? Wolff havia argumentado publicamente que os chineses eram perfeitamente morais mesmo sem o cristianismo. Sua experiência não foi exceção: quase todos os textos canônicos do Iluminismo foram banidos, queimados ou publicados anonimamente. Por mais diferentes que fossem, todos eram vistos como uma ameaça à autoridade estabelecida ao defenderem princípios universais disponíveis para qualquer pessoa em

---

36 Denis Diderot, apud Sankar Muthu, *Enlightenment Against Empire*. Princeton: Princeton University Press, 2003. Quem tiver interesse em um desenvolvimento mais detalhado do que afirmo aqui deveria ler esse excelente livro de Muthu.

A esquerda não é woke

qualquer cultura. Setenta anos depois, quando o idoso Immanuel Kant era conhecido como o maior filósofo da Alemanha e apelidado de Sábio de Königsberg, ele recebeu a ordem de parar de escrever ou de falar publicamente sobre qualquer questão religiosa. O professor prussiano obedeceu à ordem até que o ministro que a emitiu fosse substituído.

Mas o Iluminismo foi a ideologia do colonialismo!

Será que aqueles que fazem essa afirmação imaginam que não havia colonialismo antes do Iluminismo? Presumivelmente não, mas é importante entender como algo tão falso pôde parecer verdade. (Faça um brinde à virtude de tentar entender aqueles de quem você discorda.) Comecemos com o fato de que os impérios não foram inventados pelas nações europeias modernas, cujos navios e armas avançadas foram mais eficazes para mantê-los do que marchas forçadas e lanças. As nações mais fortes colonizaram as mais fracas desde o início da história registrada; na verdade, antes mesmo de existirem nações no sentido que conhecemos. Gregos e romanos construíram impérios, assim como os chineses, os assírios, os astecas, os malês, os khmers, os mogóis e outros. Esses impérios operavam com graus variados de brutalidade e repressão, mas todos se baseavam em uma equação entre poder e direito, o que equivale a nenhum conceito de direito. Todos usavam seu poder para obrigar os grupos mais fracos a entregar recursos, pagar tributos, pressionar soldados a servir em outras guerras imperiais e aceitar ordens que se sobrepunham aos costumes e às leis locais. Até onde sabemos, havia uma coisa que lhes faltava: uma consciência culpada.

1. Universalismo e tribalismo

Os imperadores cruéis podiam ser criticados, mas raramente eram criticados nos seus Estados de origem. As objeções a Nero ou César geralmente se concentravam em seus crimes contra os romanos. O frade dominicano Bartolomé de las Casas, do século XVI, foi uma das primeiras exceções. Seu *O paraíso destruído: brevíssima relação da destruição das Índias* dcnunciou as atrocidades que a conquista espanhola impôs aos povos indígenas. Mas Las Casas originalmente defendia uma forma de colonização mais gentil e suave, que incluía a substituição do trabalho escravo sul-americano pelo africano. Só mais tarde ele questionou o projeto imperial como um todo.

O Iluminismo fez isso. Eis o ataque contundente de Kant ao colonialismo:

> Se se compara com isso a conduta *inospitaleira* de estados civilizados de nossa parte do mundo, em especial dos estados comerciantes, a injustiça que eles demonstram na *visita* a países estrangeiros e povos (que vale para eles como o mesmo que *conquistá-los*) vai além do abominável. América, os países negros, as ilhas das especiarias, o Cabo etc., eram para eles, depois de sua descoberta, países que não pertenciam a ninguém, pois seus habitantes contavam como nada. [...] [Eles introduziram] a opressão dos nativos, a incitação dos seus diversos estados a guerras amplamente estendidas, fome, rebelião, deslealdade e a ladainha de todos os males que oprimem o gênero humano. China e Japão (*Nipão*), que já tinham feito a tentativa com tais hóspedes, permitiram de uma maneira sábia [...] o acesso, mas não a entrada.[37]

---

37 Immanuel Kant, *À paz perpétua: um projeto filosófico*. Trad. Bruno Cunha. Petrópolis: Vozes, 2020.

Embora não fosse um escritor elegante, Kant

costumava ser cuidadoso com as palavras. Raramente usava a palavra «mal», mas aqui ele é muito claro: o colonialismo cria todo tipo de mal que afeta a humanidade. E, embora elogie a sabedoria da China e do Japão ao fecharem suas portas para os invasores europeus, sua crítica ao colonialismo não se limita à conquista de culturas antigas e sofisticadas. Em uma época em que as potências coloniais nascentes justificavam a tomada de territórios indígenas na África e nas Américas alegando que essas terras eram desocupadas e que seus povos não eram civilizados, Kant condenou a injustiça que contava os habitantes como nada.

Diderot foi ainda mais longe, argumentando que os povos indígenas ameaçados pelos colonizadores europeus teriam a razão, a justiça e a humanidade a seu favor se simplesmente matassem os invasores como as feras selvagens às quais esses intrusos se assemelhavam. Os hotentotes, ele insistiu, não deveriam se deixar enganar pelas falsas promessas da Companhia Holandesa das Índias Orientais, que havia fundado recentemente a Cidade do Cabo. «Voem, hotentotes, voem! Peguem seus machados, dobrem seus arcos e enviem uma chuva de dardos envenenados contra esses estrangeiros. Que não reste nenhum deles para levar a seu país a notícia de seu desastre.»[38]

Atualize as armas e será perdoado por pensar que deparou com uma citação de Frantz Fanon. E essa passagem também não é incomum: o filósofo do século XVIII apelou para a violência anticolonialista pelo menos com a mesma frequência, e muitas vezes de forma mais dramática, do que o psiquiatra do século XX.

---

38 Diderot, apud Muthu, *Enlightenment Against Empire*, op. cit.

1. Universalismo e tribalismo

65

Os críticos iluministas do império não se limitaram a apontar sua crueldade. Eles também desconstruíram as teorias que buscavam justificar o roubo de terras e recursos indígenas. A mais importante dessas teorias foi a teoria do valor do trabalho de John Locke, usada para argumentar que os povos nômades não tinham direito às terras onde caçavam e colhiam. De acordo com Locke, as pessoas só adquirem propriedade por meio da agricultura, misturando seu trabalho com a terra que trabalham e, assim, obtendo a propriedade. Kant discordou: «Se são povos de pastores ou caçadores (como os hotentotes, os tungues e a maioria das nações americanas) cujo sustento depende de grandes extensões de terra despovoadas, isso [a colonização estrangeira] não se poderia fazer pela força, mas apenas por contrato e, mesmo assim, sem utilizar a ignorância daqueles habitantes com relação à cessão de tais porções de terra».[39]

Nesse ponto, Kant não apenas desacreditou a teoria da propriedade de Locke, mas denunciou a exploração descarada de povos que, não tendo nenhum conceito de propriedade privada da terra, poderiam ceder a ilha de Manhattan por um punhado de miçangas. Críticos posteriores rejeitaram esse argumento contra a colonização de povoamento como prova de que Kant era incapaz de julgar questões culturais ou históricas, uma vez que os «povos primitivos» não tinham conceitos de direito e, portanto, eram incapazes de firmar tratados.

Se os principais pensadores do Iluminismo denunciaram a ampla apropriação de terras que resultou nos impérios europeus, o que eles acharam da exploração exaustiva dos

---

39 Immanuel Kant, *Metafísica dos costumes*. Trad. Bruno Nadai, Diego Kosbiau e Monique Hulshof. Petrópolis/Bragança Paulista: Vozes/Editora Universitária São Francisco, 2013, p. 353.

A esquerda não é woke

povos? A maioria foi inequívoca ao condenar a escravidão. O imperativo categórico de Kant, que expressa a lei moral fundamental, defende que as pessoas nunca devem ser tratadas como meros meios. Isso exclui a escravidão e outras formas de opressão. Esses pensadores também criticaram a cumplicidade europeia em mantê-la, mesmo por aqueles que não eram proprietários de escravos. *Cândido*, de Voltaire, retrata um africano no Suriname, cuja perna foi cortada após sua tentativa de escapar da escravidão. «É a esse preço que vós comeis açúcar na Europa», diz o homem escravizado.[40] Diderot, indo além, achava que os escravizadores não seriam movidos por piedade ou raciocínio moral, e concluiu que os africanos escravizados deveriam se libertar pela violência. Sua previsão de que «um grande homem, um Spartacus negro» acabaria surgindo para liderar essa libertação inspirou Toussaint L'Ouverture. Kant visava as alegações religiosas inventadas para justificar a escravidão racializada; muito antes da Confederação Americana, argumentava-se que os negros eram descendentes de Ham, o filho de Noé amaldiçoado por ter descoberto a nudez de seu pai. Contra essa teologia duvidosa, Kant usou a razão: «Algumas pessoas imaginam que Ham é o pai dos mouros e que Deus o fez como uma punição que agora todos os seus descendentes herdaram. Entretanto, não é possível provar por que a cor preta deveria ser o sinal de uma maldição de forma mais adequada do que a cor branca».[41]

Curiosamente, essa passagem foi incluída em um recente volume de escritos coletados para

---

40 Voltaire, *Cândido, ou O otimismo*. Trad. Mário Laranjeira. São Paulo: Companhia das Letras, 2012.

41 Immanuel Kant, apud Emmanuel Chukwudi Eze, *Race and the Enlightenment: A Reader*. Cambridge, MA: Blackwell, 1997.

1. Universalismo e tribalismo

revelar o racismo iluminista. O editor parece não ter notado que Kant derrubou um argumento que os cristãos supremacistas brancos apoiam até hoje.[42]

Como os intelectuais progressistas de todos os lugares, os pensadores radicais do Iluminismo não venceram todas as suas batalhas. Embora tenham mudado o pensamento de seus contemporâneos em muitas questões, não impediram a grande corrida europeia pelo império que ganhou força total no século XIX. Essa linha de pensamento caiu em desuso no decorrer do novo século, e até mesmo pensadores liberais como John Stuart Mill defenderam versões moderadas do imperialismo.

No entanto, se não acabaram com o colonialismo, conseguiram despertar uma consciência pesada em relação a ele, e suas ideias se tornariam basilares para Toussaint L'Ouverture e outros anticolonialistas. Como escreveu Jean-Paul Sartre: «Há alguns anos, um comentarista burguês — e colonialista — para defender o Ocidente só achou isto: 'Não somos anjos, mas pelo menos sentimos remorsos'. Que confissão!».[43]

Se consciência pesada fosse tudo o que os pensadores iluministas tinham a oferecer, o desdém de Sartre se aplicaria a eles também. Mas, quando ideias vêm a luz, elas exigem realização. Os romanos não sentiam remorso ou necessidade de justificar seu império. Tampouco diziam a seus súditos que ser colonizado era bom para eles. Além de navios e armas melhores, os colonizadores do século XIX tinham algo que faltava aos primeiros imperialistas: a necessidade de legitimidade. Aurobindo Ghose, nacionalista indiano do século XIX, apresentou a

---

42 Eze, *Race and the Enlightenment*, op. cit.
43 Jean-Paul Sartre, «Prefácio à edição original francesa de 1961». In: Frantz Fanon, *Os condenados da terra*. Trad. Ligia F. Ferreira e Regina S. Campos. Rio de Janeiro: Zahar, 2022.

questão da seguinte forma: «A ideia de que o despotismo de qualquer tipo era uma ofensa à humanidade havia se cristalizado em um sentimento instintivo. [...] O imperialismo tinha de se justificar perante esse sentimento moderno e só poderia fazê-lo fingindo ser um depositário da liberdade, encarregado pelo topo de civilizar os incivilizados».[44]

Isso, infelizmente, deve ser a fonte da lenda de que o Iluminismo sancionou o colonialismo. Como escreveu o crítico Tzvetan Todorov, «Atribuir a expansão colonial ou a 'divisão da África' ao projeto humanista de exportação do Iluminismo é levar ao pé da letra o que era apenas propaganda: uma tentativa, na maioria das vezes inepta, de reformar a fachada de um edifício construído com um propósito bem diferente».[45]

Os pensadores iluministas criticaram o colonialismo e sustentaram que a justiça estava do lado das nações não europeias que matavam ou fechavam suas portas para os possíveis invasores. Meio século depois, ao depararem com uma crítica poderosa em nome dos ideais que desejavam para si, os imperialistas europeus buscaram maneiras de defender os ideais de liberdade e autodeterminação em casa e, ao mesmo tempo, violá-los no exterior. Sua solução foi alegar que estavam levando esses ideais às pessoas que não poderiam realizá-los por conta própria. Argumentavam que o império era um fardo assumido para o bem dos nativos. Longe de estar em tensão com os bens que eles prezavam para seu próprio povo — o fim da fome, das doenças e da desigualdade perante

---

44 A. Ghose, apud P. Mishra, *From the Ruins of Empire: The Revolt Against the West and the Remaking of Asia*. Harmondsworth: Penguin, 2013, p. 223.

45 Tzvetan Todorov, «Lévi-Strauss». In: Mark Lilla (Org.), *New French Thought: Political Philosophy*. Princeton: Princeton University Press, 1994, pp. 38-53.

a lei —, tudo o que os colonialistas procuravam fazer era levar esses bens, além do cristianismo, para os povos inóspitos que ainda não os haviam descoberto. Rousseau, Diderot e Kant teriam percebido a farsa — e chorariam ao ver seus próprios ideais transformados em ideologia. Mas o saque era tentador, e seus críticos estavam mortos.

Há comentários ofensivos dispersos sobre negros e judeus em textos até mesmo dos maiores escritores do Iluminismo. Os pensadores do Iluminismo eram homens de seu tempo; a maioria dos que nos deixaram registros *eram* homens, e homens sexistas. Eles foram educados por homens de épocas anteriores, e sua luta para se libertar do preconceito nunca poderia ser concluída. Kant levou décadas para perceber as contradições entre seus comentários racistas ocasionais e sua teoria sistemática.[46] Mas é fatal esquecer que pensadores como Rousseau, Diderot e Kant não foram apenas os primeiros a condenar o eurocentrismo e o colonialismo. Além disso, estabeleceram a base teórica para o universalismo, na qual todas as lutas contra o racismo devem ser fundamentadas, bem como uma sólida garantia de que o pluralismo cultural não é uma alternativa ao universalismo, mas sim um aperfeiçoamento dele. Acredito que a crença deles na possibilidade de progresso os teria levado a aplaudir nossos passos em direção a percepções que eles nunca alcançaram. Eles eram defensores da razão, e qualquer outra coisa seria inconsistente.

Embora seja fácil encontrar posições fortemente antirracistas e anti-imperialistas nos escritos

---

46 Há uma literatura crescente sobre o assunto. Ver, entre outros, os artigos em Katrin Flikschuh; Lea Ypi (Orgs.), *Kant's Colonialism: Historical and Critical Perspectives*. Oxford: Oxford University Press, 2014.

dos mais importantes pensadores do Iluminismo, muito poucos questionaram o sexismo. Se eles não viam diferenças essenciais entre homens europeus e não europeus, a maioria deles presumia que as diferenças biológicas entre homens e mulheres determinavam destinos totalmente diferentes. A suposição parece ser menos infundada quando nos referimos à época em que o parto era na maioria das vezes fatal, e a alta mortalidade infantil significava que a mulher média precisava ter cinco filhos para manter a espécie viva. Ainda assim, suas observações sobre as mulheres costumam ser ofensivas o suficiente para que alguns perguntem por que devemos levar esses pensadores a sério. Mas, como diz Audre Lorde, às vezes é preciso usar as ferramentas do mestre para desmantelar a casa do mestre. Essa razão, negada à maioria das mulheres pelos pensadores do Iluminismo, é uma ferramenta sem a qual não podemos viver. No entanto, em vez de se envolver criticamente com ela, a razão agora é identificada com a opressão. Quando a razão é descrita como instrumento de dominação, que alma decente quererá recorrer a ela? Além disso, no fim das contas é mais fácil determinar a posição de orador de alguém do que discutir seus argumentos.

Não é de surpreender que se defendam o Iluminismo e a universalidade de seu universalismo. É exatamente isto que o Iluminismo faz: inventa conceitos europeus brancos e afirma que eles se aplicam a todos.

O que uma vez foi denominado de *ad hominem* agora é chamado de posicionamento. Você pode questionar pontos de vista epistemológicos que reduzem o pensamento a subprodutos da experiência vivida. Mesmo assim, fico feliz em expor o meu. Passei a maior parte de minha vida nos Estados Unidos e na Europa e me identifico como uma mulher branca. Embora os nacionalistas brancos achem que os judeus não contam como pessoas brancas, os nacionalistas negros acham. Para a maioria dos judeus, isso é complicado. Sem dúvida, tenho preconceitos específicos, mesmo que apenas como quadros de referência. O fato de eu ter escrito bastante sobre Immanuel Kant pode ser interpretado como uma tentativa de refletir sobre minhas posições ou de racionalizar meus preconceitos. Nenhum argumento resolverá essa questão.

Para fins de argumentação, vale a pena abordar alguns pensadores não brancos e não europeus que compartilham da minha convicção de que o universalismo não é uma imposição europeia fraudulenta. As observações a seguir não são fruto de uma pesquisa, mas sim um convite à leitura adicional, uma vez que os pensadores que mencionarei são menos conhecidos do que aqueles aos quais se opõem. Ibram X. Kendi vende mais livros do que Adolph Reed, Achille Mbembe é mais famoso do que Ato Sekyi-Otu, Gayatri Spivak é mais conhecida do que Benjamin Zachariah. Às vezes, as tendências intelectuais refletem circunstâncias acidentais, mas suspeito que não seja o caso dessas. A preferência pelo tribalismo em detrimento do universalismo não se limita a uma preferência pela particularidade em detrimento da generalidade. Mais do que isso, reflete a suposição de que a voz da vítima é a mais autêntica. Inicialmente, essa suposição pode parecer justificada. As pessoas podem inflar suas qualidades heroicas, exagerar suas conquistas, encobrir sua covardia. Os heróis, acima de tudo, são contestados. Mas, como disse Wittgenstein, «Tente uma

A esquerda não é woke

vez — num caso real — duvidar do medo, das dores de outrem».[47] O grande filósofo austríaco morreu, no entanto, quando o movimento que mudou o sujeito histórico de herói para vítima estava apenas começando. Será que ele poderia ter imaginado que Donald Trump ou Vladimir Putin seriam as vítimas da história?

A valorização da vítima é generalizada na Alemanha contemporânea, a primeira nação do mundo a iniciar um exame completo de seus crimes históricos. Esse processo foi lento, hesitante e muitas vezes relutante, mas, até o século XXI, produziu um consenso nacional: a culpa pelo Holocausto é central para qualquer narrativa da história alemã. Não há dúvida de que esse movimento progressista foi uma melhoria em relação a qualquer alternativa possível. No entanto, ao tornar a relação entre vítimas judias e perpetradores alemães central para a autoimagem da Alemanha, os alemães se tornaram incapazes de ver os judeus como qualquer coisa além de vítimas.

Há exceções. Mas a crença não declarada de que a voz da dor é a mais autêntica leva os alemães a priorizarem as vozes nacionalistas judaicas focadas na vitimização dos judeus. O impulso é generoso, embora um tanto masoquista; a culpa, nesse caso, não está exatamente fora de lugar. Mas essa culpa levou os alemães a ignorarem as vozes dos universalistas judeus — aqueles de nós que não conseguem se livrar da intuição de que os palestinos, sendo humanos, têm direitos humanos que devem ser reconhecidos. Foi a tradição universalista do judaísmo que produziu os gigantes da cultura judaico-alemã, de Moses Mendelssohn a Hannah Arendt. E, embora a lápide

---

47 Ludwig Wittgenstein, *Investigações filosóficas*. Trad. Marcos G. Montagnoli. 6. ed. Petrópolis: Vozes, 2009, p. 140.

de Mendelssohn tenha sido profanada e Arendt tenha sido forçada a fugir do país, a Alemanha de hoje homenageia essas figuras com exposições em museus a selos postais. (É difícil encontrar um político alemão contemporâneo que não tenha citado Arendt.) No entanto, os alemães instruídos muitas vezes ficam perplexos e surpresos ao saber que existe uma tradição universalista judaica, embora suas raízes estejam na própria Bíblia. «Não explorarás nem oprimirás o migrante, pois fostes migrantes na terra do Egito.»[48] A injunção de lembrar é repetida ao longo de toda a Bíblia Hebraica. Judeus que não são letrados na Bíblia podem ouvir a mensagem todo ano no *seder* de *Pessach*. Há, é claro, injunções conflitantes, como aquela de lembrar Amalec, o estrangeiro que queria nos matar e continuará tentando. Nenhum argumento, religioso ou secular, pode decidir entre universalismo e tribalismo. É uma decisão individual, e cada uma comporta risco.

A tendência a privilegiar vozes nacionalistas em detrimento de vozes universalistas não é dominante apenas nas relações entre alemães e judeus, mas também está presente na transformação das relações entre os brancos e os negros. Os movimentos *woke* merecem elogios por conscientizar muitas pessoas de que, mesmo para os universalistas genuínos, o universal era mais frequentemente a cor branca do que a parda, o gênero masculino em vez do feminino, a presunção de heterossexualidade em vez de homossexualidade. Também trouxeram os males do colonialismo para o primeiro plano da consciência histórica ocidental. Embora o despertar ainda não tenha criado o tipo de

---

48 Êxodo 22,20 (*Bíblia* TEB: *notas integrais tradução ecumênica.* Trad. A. J. M. de Abreu et al. 3. ed. São Paulo: Loyola, 2020).

consenso internacional sobre o racismo que existe hoje na Alemanha em relação ao Holocausto, é difícil ignorar o crescente sentimento de vergonha entre brancos instruídos. Aqueles que por muito tempo ignoraram a presença do racismo sistêmico ou a amplitude do colonialismo têm motivos para ouvir com mais atenção aqueles que os enfatizam com mais veemência.

Se ouvir com atenção é sempre uma boa ideia, ouvir uma voz em detrimento de outras é sempre um erro. Nesses casos, o racismo residual ou subterrâneo desempenha um papel. Para a maioria dos alemães, os judeus continuam sendo o Outro, assim como as pessoas de cor continuam sendo o Outro para a maioria dos brancos. Quando se percebe cada indivíduo como uma instância do Outro, é difícil percebê-los como indivíduos e fácil vê-los como representações de uma tribo. Fica difícil imaginar que eles possam ter uma posição que não seja tribalista.

Enquanto os europeus se apresentavam como civilizadores para os selvagens não europeus, alguns agora invertem o binarismo, vendo os não europeus, especialmente os povos indígenas, como a fonte de todas as virtudes, enquanto os europeus não têm nenhuma. Não acredite em minha palavra; eis o que afirmou o teólogo e anticolonialista Amílcar Cabral, assassinado em 1973: «Sem dúvida, a subestimação dos valores culturais dos povos africanos, baseada em sentimentos racistas e na intenção de perpetuar a exploração estrangeira dos africanos, causou muitos danos [...] mas a aceitação cega dos valores da cultura, sem considerar os elementos atuais ou potencialmente regressivos que ela contém, não seria menos prejudicial à África do que a subestimação racista da cultura africana».[49]

---

49 Amílcar Cabral, apud Táíwò, *Elite Capture*, op. cit., p. 82.

1. Universalismo e tribalismo

75

Editores brancos, fundações e universidades agora elevam as vozes tribalistas do Sul Global, assim como as autoridades culturais alemãs agora elevam as vozes tribalistas judaicas, devido a um sentimento de remorso. Em ambas as situações, o sentimento de remorso é compreensível e até admirável. No entanto, se isso leva a considerar os pensadores tribalistas como os únicos autênticos, não deve ser um fator determinante.

Pensadores como Sekyi-Otu são decididamente antitribalistas, argumentando que a «'raça' obstrui nosso horizonte perceptual, distrai-nos de outras questões fundamentais do ser humano e da existência social, e, portanto, devemos passar para essas outras questões, questões que ainda teríamos de abordar se a dominação da cultura racista como sistema mundial chegasse ao seu tão esperado fim».[50]

Há escritores tribalistas, como o afropessimista Frank Wilderson, que insistem que a questão da raça *é* a questão fundamental do ser humano. É improvável que eles sejam persuadidos por Sekyi-Otu. Isso não torna vozes como a de Wilderson mais autênticas. Os gritos de dor merecem ser ouvidos e respondidos, mas não são uma fonte de autoridade mais privilegiada do que argumentos cuidadosos.

O filósofo Olúfémi Táíwò, que defende a relevância do projeto iluminista para a África contemporânea, apresenta argumentos consistentes contra a tendência atual de decolonizar tudo. Longe de ver a colonização como o resultado dos valores ocidentais modernos, ele argumenta que a colonização foi problemática justamente porque esses valores foram ignorados. No que diz respeito

---

50 Sekyi-Otu, *Left Universalism...*, op. cit., p. 6.

A esquerda não é woke   76

aos povos colonizados, os europeus descartaram suas próprias ideias de liberdade, autodeterminação, governo pelo consentimento dos governados e até mesmo a própria humanidade. Centrar a história da África na história de sua colonização faz dessa história uma narrativa dos invasores da África. Isso acaba negando a ação dos africanos, que estava presente até mesmo na variedade de respostas complexas à colonização. Táíwò ressalta que a colonização moura da Espanha e de Portugal é meramente vista como um episódio da história ibérica, embora tenha durado sete séculos, muito mais do que a colonização europeia da África. Ele pede que os africanos considerem a colonização como um capítulo de sua história, e não o centro dela, «a menos que admitamos que os supremacistas brancos estejam certos e que sejamos crianças permanentes cuja vontade está sempre à mercê de nossos antigos colonizadores».[51]

Enquanto os pensadores universalistas contemporâneos não brancos são ignorados, os elementos universalistas do pensamento clássico antirracista e anticolonialista são menosprezados. Frantz Fanon, que encabeça o cânone pós-colonial, escreveu sem piedade sobre a barbárie europeia. No entanto, declarações como essas raramente são citadas: «Todas as formas de exploração são idênticas, pois se aplicam ao mesmo 'objeto': o homem».[52]

Sekyi-Otu argumenta que Fanon defendeu o universalismo pela mesma razão que apoiou a ideia supostamente ocidental do individualismo. Como ele poderia fazer outra coisa quando jurou desmantelar

---

51 Olúfémi O. Táíwò, *Against Decolonialization: Taking African Agency Seriously.* Londres: C. Hurst & Co., 2022, p. 6.
52 Fanon, *Pele negra...*, op. cit.

1. Universalismo e tribalismo

sistemas racistas que simultaneamente negam a universalidade humana e a individualidade pessoal?[53]

Amílcar Cabral, que liderou a luta pela independência de Cabo Verde e da Guiné, é conhecido por incentivar seus compatriotas a empreender «uma reafricanização de nossa mente». Ao mesmo tempo, ele rejeitou a apoteose da cultura indígena, apontando banalidades que muitos teóricos culturais ignoram: «Toda cultura é composta de elementos essenciais e secundários, de pontos fortes e fracos, de virtudes e falhas, de fatores de progresso e fatores de estagnação ou regressão».[54]

Em vez de descartar todo conceito cultural suspeito de ser europeu, Cabral defendeu adotar de outras culturas «tudo o que tem caráter universal, a fim de continuar a crescer com as infinitas possibilidades da humanidade».[55] É um pensamento que ressoa com a frase final de *Os condenados da terra*, de Fanon: «Para a Europa, para nós mesmos e para a humanidade, camaradas, é preciso mudar completamente, desenvolver um pensamento novo, e tentar criar um homem novo».[56]

O que é necessário, argumentou Fanon, são novos conceitos de humanidade e o conceito relacionado de universalismo, para remover a mácula das versões imperialistas e fraudulentas dessas ideias. Porém, rejeitar o universalismo por completo, porque ele foi abusado, é dar à Europa «a última palavra do ato imperial».[57]

---

53 Sekyi-Otu, *Left Universalism...*, op. cit., p. 169.

54 Amílcar Cabral, «National Liberation and Culture». In: Patrick Williams; Laura Chrisman (Orgs.), *Colonial Discourse and Postcolonial Theory*. Londres: Routledge, 1994.

55 In *Cabralista*, trilogia documentária dirigida por Valerio Lopes. O primeiro episódio está disponível em: <https://cabralista.com/watch/>. Acesso em: 5 dez. 2023.

56 Fanon, *Os condenados da terra*, op. cit.

57 Sekyi-Otu, *Left Universalism...*, op. cit., p. 14.

É a verdade do universalismo que torna possível o que hoje chamamos de apropriação cultural. Tomemos como exemplo duas qualidades que chamei de fundamentalmente humanas: a resposta à dor e o desejo de liberdade. Reconhecemos esses sentimentos instintivamente nos outros e em nós mesmos. Como é perceptível por observadores há algum tempo, muitos mamíferos também os reconhecem em outras espécies. Podemos aprender a extinguir o reconhecimento dos outros, mas ele pode ser reavivado. Nada expressa a dor ou o desejo de liberdade de maneira mais imediata do que a arte em todas as suas formas; essa é uma das razões pelas quais a sugestão atual de que as culturas pertencem às tribos é tão equivocada. As proibições de apropriação cultural pressupõem um tipo de pureza cultural que poucos objetos jamais tiveram. Mesmo nos tempos antigos, a arte era comercializada e as influências eram misturadas até que, muitas vezes, se tornava impossível dizer qual tribo era a proprietária do objeto — se é que a propriedade é o modelo certo para a cultura. Em *The Lies That Bind* [As mentiras que unem], Appiah argumenta que não é. Podemos ir um pouco além: ver as produções culturais como mercadorias tribais é uma forma de negar o poder libertador da cultura.

No Sul antebellum,[58] os proprietários de escravos chegaram ao ponto de reescrever a Bíblia para que a história de Moisés e do Êxodo não aparecesse. Eles sabiam que isso era incendiário. Assim como os afro-americanos escravizados, cuja canção magnífica «Go Down, Moses» compensou seu acesso restrito aos textos. Isso foi apropriação cultural ou o que o acadêmico literário Michael Rothberg

---

58 Sul dos Estados Unidos antes da Guerra de Secessão. [N. T.]

chama de memória multidirecional? A visão de mundo de Paul Robeson foi fundamentada em sua experiência como filho de um homem que escapou da escravidão americana. No entanto, o que o levou ao ativismo político foi um encontro com mineiros galeses em greve cantando em uma rua de Londres. Nada conecta melhor os membros de diferentes tribos do que ser tocado por um produto cultural; nada oferece mais percepção ou desperta mais emoção. A maioria de nós sabe, embora seja capaz de esquecer, que os membros de outras tribos sentem dor e buscam a liberdade da mesma forma que nós. As artes podem transformar um pedaço de conhecimento banal em uma verdade que tem o poder de nos comover, enquanto uma centena de proposições pode nos deixar indiferentes.

É claro que a apropriação cultural não deve ser confundida com a exploração cultural. As tentativas de pagar menos aos artistas pelo trabalho que criam devem ser combatidas como qualquer outra forma de exploração. Mas a insistência *woke* em uma compreensão tribal da cultura não está muito longe da insistência nazista de que a música alemã só deveria ser tocada por arianos, ou da insistência de Samuel Huntington em defender o que ele chama de cultura ocidental contra a ameaça de destruição por outras civilizações.[59] Censurar a apropriação cultural é sabotar a força cultural.

Quando comprei o livro *A vida não me assusta*, de Maya Angelou, com ilustrações de Basquiat, como presente de aniversário de três anos para uma de minhas filhas, não tinha consciência de que estava lhe dando uma lição. Décadas depois, durante as manifestações do BLM que provocaram discussões e ativismo em

---

59 Zachariah, *After the Last Post*, op. cit.

A esquerda não é woke

tantas famílias, ela me disse que eu havia acertado — justamente porque não acompanhei o presente com uma palestra sobre antirracismo ou o valor da diversidade. A lição que não dei a ela foi mais ou menos assim: *membros de outras tribos não são o Outro alienígena, mas indivíduos que têm pensamentos e sentimentos como você.* A mensagem de Angelou para enfrentar o perigo sem medo ressoou e se tornou a história favorita da minha filha. Algumas coisas são melhores para mostrar do que para contar.

Uma obra literária verdadeiramente notável para adultos sempre revela verdades universais nas particularidades. De que outra forma poderíamos nos interessar pelas crônicas de Tolstói sobre as complexidades da aristocracia russa, pelo retrato de Adichie de um menino de aldeia na Nigéria devastada pela guerra, pelo conto de Roy sobre o amor condenado pela casta em Kerala? Até mesmo uma boa série de televisão pode ter esse efeito: quem diria que milhões de pessoas ficariam tão envolvidas pelas lutas de um político dinamarquês fictício?

Uma distinção entre cultura e política pode explicar minha metáfora de carne e osso. As diferenças culturais podem ser valorizadas, tanto pelos membros da cultura que está criando quanto por aqueles que as apreciam. São essas diferenças que nos tornam interessantes. Não é por acaso que o esperanto foi um fracasso. Embora as intenções daqueles que se esforçaram para criar uma língua universal fossem admiráveis, o esperanto não tinha os ritmos e as ressonâncias que nos unem à nossa língua nativa. Mesmo os alunos com talento linguístico raramente atingem o nível de facilidade com uma língua como um falante nativo.

1. Universalismo e tribalismo

Aqueles que se esforçam para aprender outro idioma ou cultura, contudo, ganham algo inestimável: a iluminação do mundo sob uma perspectiva diferente; a consciência de que a sua própria perspectiva é, sem dúvida, parcial; e a consciência visceral de nossa humanidade comum. Mas, se a cultura é particular, a política precisa de um núcleo universal. As diferenças culturais podem ser valorizadas sem serem negligenciadas. Um mundo sem diferenças culturais seria tão sombrio quanto uma reunião de esqueletos. Mas, quando pensamos e agimos politicamente, as categorias culturais não devem ocupar o centro do palco.

Na melhor das hipóteses, as categorias culturais e políticas podem se reforçar mutuamente. O pluralismo cultural fortalece a solidariedade política, pois, quanto mais se conhece outra cultura, maior a probabilidade de sua simpatia por ela crescer. Ao experimentar uma cultura diferente, nota-se que todos somos humanos e isso fortalece nosso compromisso com o universalismo. Pois as melhores formas de arte nos levam ao que Aimé Césaire chamou de «um universal enriquecido por cada particular»,[60] um universalismo aprendido com a diferença e por meio dela.

---

60 Aimé Césaire, *Letter to Maurice Thorez*.
    Paris: Présence Africaine, 1957.

A esquerda não é woke

2. Justiça e poder

Imagine um grupo de jovens passando o tempo na casa de um homem rico. Tempo é o que eles têm de sobra: estão esperando o anoitecer, quando um festival começará nas vizinhanças. É a última novidade estrangeira, moderna, com som e luz. É fácil persuadir aqueles que já viram de tudo na cidade a experimentarem uma nova diversão. A conversa inicial deles é inofensiva; abordar temas como morte, sexo e dinheiro não gera conflito. Somente quando eles chegam ao assunto da moralidade é que as faíscas começam.

O conflito surge quando o anfitrião menciona o benefício real da riqueza: não apenas o conforto e o prazer que seus convidados estão desfrutando, mas também o fato de que o dinheiro herdado reduz a tentação à corrupção. Um homem rico não tem motivos para enganar ou fraudar. Sempre paga suas dívidas e sabe que pode morrer em paz.

Isso abre espaço para o esporte favorito de um dos convidados. Ele é mais esperto que os outros, embora goste de se vangloriar sutilmente. Ele fica mais feliz quando desmonta os argumentos alheios. *Falando sobre riqueza e corrupção: o que é justiça, afinal? Apenas falar a verdade e pagar suas dívidas? É isso que devemos a todos? E quanto a um amigo que perdeu a cabeça?*

Outros propõem melhores definições de justiça ou virtude, mas nunca fica claro qual é o ponto em questão. Justiça, diz um deles, é ajudar seus amigos e prejudicar seus inimigos. É assim que o mundo muitas vezes funciona, e não apenas na política externa americana, mas nosso sabe-tudo mostra como a definição se desintegra.

Ele pode concluir que procurar definições de conceitos morais é um erro, mas antes que ele possa falar sobre as implicações, o ouvinte mais jovem explode. Quando os outros param para respirar, ele se lança ao orador, selvagem como uma fera.

Besteira, ele grita. Como podem ser tão estúpidos? Por que perder tempo debatendo a natureza da justiça quando toda a ideia é uma farsa? Não sabem que a justiça não passa de uma máscara para o interesse do mais forte?

O sabe-tudo faz o que pode para demolir essa afirmação. Mas ele é muito melhor atacando as posições dos outros do que defendendo as suas, e seus argumentos são difíceis de acompanhar. Cada vez mais impaciente com o pedantismo, o jovem recorre à força verbal: chama o homem mais velho de bebê. Pois somente um bebê acredita que um pastor alimenta suas ovelhas para o benefício delas. O restante de nós sabe que o cuidado do pastor reflete inteiramente seu próprio interesse: quanto mais gorda a ovelha, mais o matadouro pagará. A metáfora não é por acaso: os governantes, continua ele, tratam seus súditos como ovelhas. Considere a tirania sobre as nações ou mesmo os contratos privados: o homem justo sempre perde para os interesses do mais forte. Quase todo mundo sabe disso, e, se todos condenam a injustiça, não é por medo de cometê-la, mas por medo de se tornarem suas vítimas. Pela primeira vez na vida, nosso sábio entra em pânico. Embora se recupere o suficiente para discutir com o homem mais jovem em um silêncio corado, ele admite que não sabe dizer o que é justiça.

Não é preciso muito esforço para imaginar uma conversa desse tipo. A maioria dos leitores deste livro já

A esquerda não é woke

experimentou algo semelhante mais de uma vez. Os argumentos devem ser familiares. *Falar de justiça é apenas uma cortina de fumaça; o que move o mundo real é o poder.* A alegação pode ser apoiada por uma série de exemplos, pois nada é mais fácil do que citar um político que prega o que não pratica para fazer seus súditos se calarem. De fato, é mais difícil encontrar um que não o faça.

A alegação de que a retórica da justiça foi usada para legitimar uma tomada de poder *pode* ser parte de uma demanda por justiça. Você pode desmascarar essa retórica para reverter o ato que ela ocultou. Se for tarde demais para isso, você pode pedir que os perpetradores sejam chamados a responder por seus crimes, bem como pelo abuso da linguagem moral, que semeia dúvidas sobre sua autoridade. A guerra do Iraque teria sido um bom ponto de partida. Entre outras coisas pelas quais essa guerra tem de responder: seu uso bombástico de expressões como «clareza moral» para disfarçar uma guerra empreendida em busca de petróleo, hegemonia regional e distração do que foi, na época, considerado a pior presidência da história americana. No início do século XXI, seu flagrante abuso de palavras como «democracia» e «liberdade» aumentou a desconfiança de que tais palavras possam ser pronunciadas de boa-fé. O que é notável no tipo de discussão que descrevi é que *não* se trata de uma demanda por justiça, mas sim de uma afirmação de que tais demandas estão ultrapassadas. Tampouco é acidental que ela não ocorra em uma favela ou em um pátio de escravos, onde as questões sobre poder e justiça estão prontas para serem formuladas. Ela ocorre em um lar de riqueza e abundância; quase se pode sentir o cheiro do vinho. É significativo o fato de que o jovem indignado não pede uma mudança nas

2. Justiça e poder

relações de poder. Sua única demanda diz respeito ao seu próprio interesse: ele gostaria de ser pago por seu desempenho. Trasímaco, pelo menos, é consistente.

Richard Rorty concluiu que «[esse] é exatamente o tipo de esquerda com que a oligarquia sonha, uma esquerda cujos membros estão tão ocupados desmascarando o presente que não têm tempo para discutir quais leis precisam ser aprovadas para criar um futuro melhor».[1]

Rorty estava criticando o que ele chamou de esquerda acadêmica foucaultiana. Eu estava parafraseando a abertura da *República* de Platão, a primeira grande obra sistemática da filosofia ocidental. Ela é escrita na voz de Sócrates, que passa o resto do diálogo tentando responder a Trasímaco, aquele jovem pós-moderno que sobreviveu a vários milênios. Pois desmascarar parece inteligente, até mesmo *cool*; apelar a princípios, ingênuo. O que convence não é a reportagem investigativa, mas uma atitude. Cada uma das reencarnações sofistas está convencida de que está oferecendo uma revelação ousada e original: os assuntos humanos em geral, e a política em particular, não passam de estratégias egoístas para ocultar lutas cruas pelo poder. Cada reencarnação exala a mesma mistura de desinteresse, indignação e autoconfiança: tendo descoberto que o mundo não está à altura das afirmações feitas a seu respeito, ela está determinada a não se apaixonar por nenhuma afirmação. Como seus herdeiros contemporâneos, Trasímaco parece ser um cabeça-dura, mas sua posição é muito

---

1 Richard Rorty, *Achieving our Country: Leftist Thought in Twentieth-Century America*. Cambridge, MA: Harvard University Press, 1998. [Ed. bras.: *Para realizar a América: o pensamento de esquerda no século xx na América*. Trad. Paulo Ghiraldelli Jr., Alberto Tosi Rodrigues e Leoni Henning. Rio de Janeiro: DP&A, 1999.]

cômoda; mantê-la não requer mais do que expor uma crítica ocasional. Não está claro que qualquer tentativa de trabalhar por mais justiça é pior do que fútil, mas até totalmente absurda?

Como mostra a *República*, esse tipo de argumento deflacionário não é nada novo; o filósofo Bernard Williams o chamou de antigo.

> Consiste em tomar algumas distinções respeitadas entre o «superior» e o «inferior», como aquelas entre razão e persuasão, argumento e força, veracidade e manipulação, e negar o elemento superior enquanto afirma o inferior: tudo, inclusive o argumento ou a veracidade, é força, persuasão e manipulação (na verdade). Esse tropo tem seus usos [...] Mas, além do fato de que logo se torna imensamente entediante, ele tem a desvantagem de não ajudar a entender essas idealizações.[2]

Muito menos, continua Williams, explica as diferenças entre ouvir alguém e ser atingido por ele.

Embora ambos proclamem a primazia do poder, o relato de Foucault sobre os mecanismos do poder é muito diferente daquele de Trasímaco. O sofista grego viveu em uma época em que os poderosos e os impotentes eram dois sujeitos claros e distintos, uma época que durou, de acordo com Foucault, até o século XVIII. Em princípio, embora raramente na prática, algo como a libertação ainda era possível: cortar a cabeça do soberano e seus súditos poderia, por um momento, livrar da subjugação. Na era moderna, disse Foucault, o poder é oculto e difuso, expresso por meio de uma

---

2   Bernard Williams, *Truth and Truthfulness: An Essay in Genealogy*. Princeton: Princeton University Press, 2002.

rede de estruturas que raramente percebemos. Não há nenhum ponto que possamos localizar e desafiar, especialmente porque estamos envolvidos nas próprias redes que nos restringem.

Mesmo os críticos mais duros de Foucault reconhecem que esse retrato mostra algo importante sobre a sociedade contemporânea. A crença de que somos controlados por uma rede de instituições que não foram projetadas ou controladas por ninguém em particular é provavelmente a razão pela qual estamos dispostos a aceitar as afirmações mais ousadas de Foucault. Como escreveu Michael Walzer:

> Pois é afirmação de Foucault, e acho que ele está parcialmente certo, que a disciplina de uma prisão, por exemplo, representa uma continuação e intensificação do que acontece em lugares mais comuns — e não seria possível se não fosse assim. Portanto, todos nós vivemos de acordo com um horário, acordamos com um alarme, trabalhamos de acordo com uma rotina rígida, vivemos sob os olhos da autoridade, estamos periodicamente sujeitos a exames e inspeções. Ninguém está totalmente livre dessas novas formas de controle social. Deve-se acrescentar, entretanto, que a sujeição a essas novas formas não é a mesma coisa que estar na prisão: Foucault tende sistematicamente a subestimar a diferença.[3]

As reflexões de Foucault a respeito da natureza de algumas formas de poder podem ser consideradas fascinantes. Seus leitores, sem dúvida, esperam que essas análises não sejam apenas interessantes, mas, assim como qualquer outra

---

3 Michael Walzer, «The Politics of Michel Foucault», *Dissent*, outono 1983.

A esquerda não é woke

crítica do poder, também sejam libertadoras. Contudo, essas expectativas serão frustradas pela perspectiva de Foucault em relação ao que as análises e o conhecimento em geral podem fazer sobre esse isso: «Todo o conhecimento repousa sobre a injustiça (que não há, pois, no conhecimento mesmo um direito, à verdade ou a um fundamento do verdadeiro) [...] [e] o instinto de conhecimento é mau (que há nele alguma coisa de assassino, e que ele não pode, ele não quer fazer nada para a felicidade dos homens)».[4]

Não é de admirar que muitos tenham concluído que o homem era simplesmente um niilista. No entanto, de acordo com um estudo do Google Scholar em 2019, nenhum pesquisador na área de humanidades e ciências sociais foi mais citado do que Foucault.[5] E «nenhuma estrutura analítica isolada saturou tão completamente o campo dos estudos coloniais como a de Foucault».[6] Isso é verdade, ainda que ele nunca tenha discutido a decolonialização, mesmo com a onipresença da guerra francesa na Argélia quando chegou à maioridade. Ainda assim, Edward Said era apenas um dos muitos que começaram a vê-lo como um dos «apóstolos do radicalismo e da insurreição intelectual».[7] Tudo nele exalava uma atitude *rebelde*. Ele escreveu livros que glorificavam aqueles que estavam à margem da sociedade: o fora da lei, o louco. Assumia frequentemente posições políticas

---

4 Michel Foucault, «Nietzsche, a genealogia e a história». In: Michel Foucault, *Microfísica do poder*. Trad. Roberto Machado. 4. ed. Rio de Janeiro: Paz e Terra, 2016.

5 Clare O'Farrell, «Highly Cited Researchers (h>100) Foucault at number 1 (2019)». Disponível em: <https://michel-foucault.com/2019/05/01/highly-cited-researchers-h100-foucault-at-number-1-2019/>. Acesso em: 5 dez. 2023.

6 Laura Stoler, *Race and the Education of Desire: Foucault's History of Sexuality and the Colonial Order of Things*. Durham/Londres: Duke University Press, 1995.

7 Edward Said, *Cultura e imperialismo*. Trad. Denise Bottmann. São Paulo: Companhia das Letras, 2011.

que apoiavam os oprimidos, sejam eles condenados em prisões francesas ou vítimas da ditadura militar no Chile. E, décadas antes de alguém começar a imaginar a igualdade no casamento, ele era aberta e transgressivamente gay. Por que Foucault não deveria se tornar o alicerce do pensamento de esquerda, ou pelo menos o único filósofo lido por qualquer pessoa que não seja filósofo, como Sartre foi para uma geração anterior? Os professores que hoje ensinam foram estudantes durante seu auge nas décadas de 1980 e 1990, e agora transmitem os textos que aprenderam como novos clássicos empolgantes.

Esses textos apresentam descrições fascinantes do desenvolvimento de prisões, clínicas psiquiátricas, escolas e outras instituições fundamentais para a expansão do poder social. Muitos historiadores são gratos a Foucault por abrir caminhos de exploração que antes eram deixados de lado, se é que eram estudados. Mas, ao ler Foucault sobre o particular, os estudantes estão aprendendo uma lição filosófica bastante geral: o poder, que está apenas vagamente ligado às ações de alguns seres humanos em instituições específicas, é a força motriz de tudo. «O poder está em toda parte»,[8] escreveu ele. «O poder produz; ele produz realidade; produz campos de objetos e rituais da verdade.»[9] Para o falecido Foucault, o poder estava incorporado em todas as características da vida moderna. O poder estava entrelaçado na própria essência da nossa linguagem, pensamentos e desejos. O poder envolve até mesmo a resistência, fortalecendo o poder. É poder em todos os níveis.

---

8 Michel Foucault, *História da sexualidade I: a vontade de saber.* Trad. Maria Thereza da Costa Albuquerque e J. A. Guilhon Albuquerque. 13. ed. Rio de Janeiro: Graal, 1999, p. 88.

9 Id., *Vigiar e punir.* Trad. Raquel Ramalhete. 20. ed. Petrópolis: Vozes, 1999, p. 161.

A esquerda não é woke

Se o poder é tão onipresente, você pode questionar se ele serve para demarcar algo. Se tudo é poder, será que o conceito não tem limites? Qualquer pessoa que esperava que a ideia de poder de Foucault fosse tão ampla a ponto de ser inócua, ficará desanimada com a explicação dele:

> Creio que aquilo que se deve ter como referência não é o grande modelo da língua e dos signos, mas sim da guerra e da batalha. A historicidade que nos domina e nos determina é belicosa e não linguística. Relação de poder, não relação de sentido. [...] A «dialética» é uma maneira de evitar a realidade aleatória e aberta desta inteligibilidade, reduzindo-a ao esqueleto hegeliano, e a «semiologia» é uma maneira de evitar seu caráter *violento*, *sangrento* e *mortal*, reduzindo-a à forma apaziguada e platônica da linguagem e do diálogo [grifo nosso].[10]

Não há nada suave no conceito de poder de Foucault: «O poder não é simplesmente uma forma de dominação bélica? Não deveríamos, portanto, conceber todos os problemas do poder em termos de relações de guerra? Não é o poder uma espécie de guerra generalizada que assume, em momentos particulares, as formas de paz e do Estado? A paz seria então uma forma de guerra, e o Estado um meio de travá-la».[11]

Um curso introdutório de lógica poderia ter evitado algumas confusões. Do fato de que algumas reivindicações morais são reivindicações ocultas de poder não se pode concluir que toda reivindicação de agir pelo bem comum é uma mentira. Mas a lógica raramente é o ponto forte dos herdeiros

---

[10] Id., «Verdade e poder». In: Id., *Microfísica do poder*, op. cit.

[11] Id., «Truth and Power». In: Gordon Colin (Org.), *Power/Knowledge: Selected Interviews and Other Writings 1972-1977*. Nova York: Vintage, 1980.

de Trasímaco. Como Foucault faz nessa passagem, eles tendem a evitar sentenças declarativas; a metafísica da suspeita é mais bem servida por meio de perguntas. E, embora geralmente gostem de Nietzsche, seus escritos são suficientemente obscuros para merecer uma de suas melhores críticas: «Eles turvam as águas para fazê-las parecer profundas».

Existe alguma coisa, de acordo com Foucault, que não seja o poder? Um conceito é claramente descartado; o poder não é justiça. Mais precisamente, Foucault insistia que a ideia de justiça em si foi inventada como uma arma contra certas formas de poder político e econômico. «Se a justiça está em jogo em uma luta, então é como instrumento de poder; não é na esperança de que finalmente, um dia, nesta ou em outra sociedade, as pessoas sejam recompensadas de acordo com seus méritos ou punidas de acordo com seus erros.»[12] Negar isso é simplesmente negar a essência da justiça, seja ela humana ou divina, em qualquer cultura: a justiça sempre busca recompensar as pessoas de acordo com o mérito, puni-las de acordo com o erro. Sempre que protestamos contra uma injustiça, estamos protestando contra um desequilíbrio entre virtude e felicidade. Questionado sobre seu envolvimento na reforma prisional, Foucault respondeu que não estava interessado nas banalidades das condições prisionais, mas queria «questionar a distinção social e moral entre o inocente e o culpado».

Essa não é uma distinção que os próprios prisioneiros questionariam; ao contrário, eles insistem nela.[13] Qualquer pessoa que negue a distinção moral

---

12 Noam Chomsky; Michel Foucault, *On Human Nature* [debate]. Disponível em: <https://www.youtube.com/watch?v=3w-fNl2L0Gf8&t=796s&ab_channel=with-Defiance>. Acesso em: 6 dez. 2023.

13 Walzer, «The Politics of Michel Foucault», op. cit.

entre inocência e culpa nega a possibilidade de distinções morais como um todo.

As citações acima foram extraídas de um debate entre Foucault e Noam Chomsky que foi ao ar na televisão holandesa em 1971. A guerra do Vietnã ainda estava em andamento, e as ideias marxistas de revolução eram temas para debates sérios na televisão europeia. Chomsky declarou que só apoiaria um proletariado revolucionário que promovesse uma sociedade justa; se uma revolução se tornasse terrorista, ele não participaria. Eis a resposta de Foucault: «O proletariado faz guerra contra a classe dominante porque, pela primeira vez na história, quer tomar o poder. Faz-se a guerra para vencer, não porque ela seja justa». Ele também não se esquivou das implicações de seus argumentos: Quando o proletariado toma o poder, ele pode exercer um poder violento, ditatorial e sangrento contra as classes sobre as quais triunfou. «Não consigo ver que objeção alguém poderia fazer a isso», continuou. Mais tarde, Chomsky comentou que Foucault era o homem mais amoral que ele havia conhecido.

Foucault disfarçou a força de seus pontos de vista gerais sob uma falsa modéstia, afirmando que a era dos «intelectuais gerais» como Sartre havia sido ultrapassada e que o momento requeria a descoberta de «intelectuais específicos», como ele. Recusou-se firmemente a dar razões de seus julgamentos políticos, alegando que elas não passariam de racionalizações em benefício próprio.

A insistência de que o poder é a única coisa que move a sociedade anda de mãos dadas com o desprezo pela razão. É impossível determinar o que veio primeiro, o rebaixamento da razão ou a promoção do poder; eles

2. Justiça e poder

formam os dois lados de uma moeda. Pensadores do século XX tão distintos quanto Foucault, Heidegger e Adorno se uniram para compreender a «razão iluminista» não apenas como fraude em benefício próprio, mas também como algo pior: um monstro dominador, calculista e voraz, que se esforça para subjugar a natureza e, consequentemente, povos indígenas vistos como naturais. Nessa visão, a razão é apenas um instrumento e expressão de poder. A distinção de Williams entre ser persuadido por alguém e ser espancado por essa pessoa torna-se espúria; a razão é um modo mais educado, porém mais manipulador, de bater na cabeça de alguém. Améry diria que aqueles que consideram essa distinção sem sentido nunca foram agredidos. Essas suposições sobre a concepção de razão do Iluminismo não são mais precisas do que a suposição de que o Iluminismo era eurocêntrico. Meu livro *Moral Clarity* [Clareza moral] discute longamente as noções iluministas de razão, assim como as críticas de Adorno e Horkheimer; aqui responderei apenas às acusações mais comuns.[14]

A ideia de que a razão é hostil à natureza repousa em uma oposição binária entre razão e natureza que nenhum pensador do Iluminismo teria aceitado. As duas podem parecer divergentes, pois a capacidade da razão de questionar o que é natural e o que não é constitui o primeiro passo em direção a qualquer forma de progresso. Um dos principais objetivos do estudo iluminista das culturas não europeias era questionar uma série de instituições europeias. Sua autoridade se baseava na insistência da Igreja e do Estado de que elas eram naturais e, portanto, imutáveis. Lembremo-nos do que era considerado natural no século XVIII:

---

14 Susan Neiman, *Moral Clarity: A Guide for Grownup Idealists*. Princeton: Princeton University Press, 2010.

escravidão, pobreza, submissão das mulheres, hierarquias feudais e a maioria das formas de doença. Até o século XIX, os clérigos ingleses argumentavam que os esforços para aliviar a fome na Irlanda desafiariam a ordem de Deus. Os pensadores do Iluminismo dificilmente se opunham à natureza ou à paixão — dois tópicos que eles exploraram tão exaustivamente quanto qualquer outro. Embora tivessem consciência da frequência com que a opressão é justificada por alegações de uma suposta ordem natural, eles estavam determinados a usar a razão para submeter essas alegações a uma análise criteriosa. Toda vez que se argumenta que uma desigualdade econômica, racial ou de gênero não é inevitável, se está usando a razão para questionar aqueles que insistem que as desigualdades fazem parte do jeito de ser do mundo.

Embora a razão não seja avessa à natureza, ela se opõe à autoridade recebida que defende seu poder restringindo o pensamento a uma pequena elite. Definir a razão como uma questão de coragem em vez de conhecimento foi uma maneira de insistir na igualdade humana: todo camponês pode pensar por si mesmo, assim como todo professor pode falhar. A razão e a liberdade estão ligadas de diversas maneiras: o conhecimento tinha como objetivo libertar as pessoas da superstição e do preconceito; o raciocínio instrumental, da pobreza e do medo. Os filósofos do Iluminismo estavam perfeitamente cientes de que a razão tem limites; eles simplesmente não estavam preparados para permitir que a Igreja e o Estado fossem os responsáveis por traçá-los. Herdamos suas ideias de tal forma que não reconhecemos mais o quanto elas são radicais, nem o quanto ainda são necessárias. Num contexto de censura severa e analfabetismo generalizado, a alegação de que qualquer pessoa, independentemente

2. Justiça e poder

da posição, tem o direito de pensar era extremamente perigosa, e as autoridades da Igreja aproveitaram seu grande poder para suprimi-la com força. Hoje em dia, as autoridades parecem diferentes: especialistas em economia proclamam que *não há alternativa* ao neoliberalismo e apoiam a suposta naturalidade de sua ideologia com a teoria da evolução. Os pensadores do Iluminismo nunca acharam que a razão fosse ilimitada; eles apenas se recusaram a permitir que as autoridades estabelecessem os limites do que podemos pensar.

A razão e a lógica são fundamentais à racionalidade instrumental necessária para encontrar as melhores soluções para atingir um objetivo, incluindo soluções tecnológicas que visam prevenir e curar doenças, melhorar a agricultura, salvar muitas pessoas de vidas de trabalho sem sentido. (O fato de a tecnologia, assim como o aprendiz de feiticeiro, poder se descontrolar não significa que seja possível resolver esse problema simplesmente abolindo-o.) Mas a racionalidade instrumental é apenas o início do escopo da razão. A função mais importante da razão é defender a força dos ideais. A menos que se possa mostrar que a realidade pode ser transformada usando ideias da razão, toda demanda por mudança será descartada como fantasia utópica. Essas demandas são rejeitadas com condescendência: seus ideais são louváveis, mas os fatos da experiência falam contra eles. Tal afirmação já era um clichê em 1793, como Kant mostrou em seu ensaio «Sobre a expressão corrente: Isto pode ser correcto na teoria mas nada vale na prática».[15] Lá ele vira do avesso as afirmações daqueles que se

---

15 Immanuel Kant, «Sobre a expressão corrente: Isto pode ser correcto na teoria mas nada vale na prática». In: Immanuel Kant, *A paz perpétua e outros opúsculos*. Trad. Artur Morão. Lisboa: Edições 70, 1988.

dizem realistas. É claro que as ideias de razão *entram em conflito com as afirmações da experiência. É isso que as ideias devem fazer.* Os ideais não são medidos pelo grau de adequação à realidade; a realidade é julgada pelo grau de adequação aos ideais. O trabalho da razão é negar que as afirmações da experiência são definitivas, e nos levar a ampliar o horizonte da experiência fornecendo ideais aos quais a experiência deve obedecer. Se um número suficiente de nós fizer isso, será possível.

Entendida corretamente, a razão é uma exigência: *para cada coisa que acontece, encontre as razões pelas quais é assim e não de outra forma.* A razão nos possibilita ir além de qualquer experiência que nos é dada e nos permite pensar: «Poderia ter sido diferente, por que é assim?». A realidade nos é dada, mas é preciso ter a razão para conceber o possível. Sem essa capacidade, não poderíamos começar a perguntar por que algo está errado ou imaginar que poderia ser melhor. Os filósofos chamam isso de princípio da razão suficiente. Ele é tão fundamental que dificilmente podemos imaginar o funcionamento sem ele, e é provável que o tomemos como certo, mas a exigência de encontrar razões é a base da pesquisa científica e da justiça social. Muitas coisas contam como razões, mas outras não: «Meu pai me contou. Ouvi isso em algum lugar. As coisas são assim». A criança segue o princípio da razão suficiente quando pergunta «Por que está chovendo?» e continua perguntando até que o adulto forneça uma resposta satisfatória, ou diga a ela que pare de fazer perguntas. Mas, a menos que ela mesma seja indigente e assuma que sua condição é natural, a criança também se perguntará a primeira vez que vir uma pessoa sem-teto: «Por que ela está dormindo na calçada? Por que ela não tem uma casa?». Os adultos que

2. Justiça e poder

levam a sério a necessidade de dar uma resposta devem passar da explicação para a ação.

A razão, de fato, tem o poder de alterar a realidade, mas considerá-la *apenas* uma forma de poder é ignorar as diferenças entre violência e persuasão, e entre persuasão e manipulação. É a diferença entre dizer que *você deve fazer isso porque eu sou maior do que você* e que *você deve fazer isso porque é (a) certo (b) bom para a comunidade (c) de seu interesse (d) escolha sua própria forma de justificativa*. Essa é uma das primeiras distinções que ensinamos aos nossos filhos. À medida que crescemos, aprendemos que a maioria das ações é realizada por mais de um motivo, mas a sobredeterminação não prejudica a distinção entre razão e força bruta. Aqueles que a ignoram devem se submeter ao que Améry chamou de cura da banalidade, uma terapia para superar o medo de reconhecer as verdades banais que estruturam nossa vida. Pois a distinção entre razão e violência é a base da distinção entre democracia e fascismo, e qualquer esperança de resistir ao deslizamento em direção ao fascismo depende de lembrar-se dessa diferença.

Ainda mais estranho do que a adesão dos progressistas a Michel Foucault é seu fascínio por Carl Schmitt. A justaposição de Foucault a Schmitt parecerá inusitada apenas àqueles que confundem substância com estilo. Como escreveu Mark Lilla: «A transição de Herbert Marcuse a Carl Schmitt, em parte por meio das ideias de Michel Foucault sobre poder e dominação, se mostrou incrivelmente fácil para uma pequena mas importante parte da opinião de esquerda na Alemanha, França e Itália, a partir dos anos 1970».[16]

Substância e estilo: enquanto Foucault era extravagante, cortejando

---

16 Mark Lilla, «The Enemy of Liberalism», *New York Review of Books*, 15 maio 1997.

a indignação, Schmitt representava a persona de um advogado conservador. Sua principal transgressão contra o mundo em que se encontrava foi rejeitar qualquer forma de arrependimento pelo regime nazista ao qual servira lealmente. Na escrita, Foucault divagava, enquanto Schmitt preferia pronunciamentos oraculares curtos. No entanto, eles compartilhavam a rejeição da ideia de humanidade universal e a distinção entre poder e justiça, além de um profundo ceticismo em relação a qualquer ideia de progresso. O que torna ambos interessantes para os pensadores progressistas atuais é a hostilidade que compartilham em relação ao liberalismo e seu compromisso de desmascarar as hipocrisias liberais. Não está claro se o desmascaramento de Foucault tinha outro objetivo além da subversão como forma de arte. O que é certo é que o desmascaramento das instituições liberais por Schmitt foi realizado para a maior glória do Terceiro Reich, tanto antes quanto depois da guerra.

Os críticos que ficaram perplexos com a afirmação de que o espírito de Schmitt está vivo no *woke* se esqueceram de uma pequena mas significativa parte da história intelectual. De 1984 a 2020 o periódico esquerdista americano *Telos* publicou 107 artigos explicitamente dedicados a Carl Schmitt; de 1970 a 2023, 534 mencionaram seu nome. De acordo com seu fundador, o periódico foi criado em 1968 «como antídoto a uma cultura estudantil provinciana emburrecida pela Guerra Fria».[17] O objetivo do *Telos* era educar uma esquerda americana mal-informada. Na época, poucos teóricos alemães e franceses tinham sido traduzidos para o inglês; mesmo o jovem Marx era difícil de achar. Para

---

17 Paul Piccone, «Interview», *Telos*, pp. 133-66, outono 1999.

2. Justiça e poder

atingir sua meta, o periódico «apresentou estudantes e professores americanos a acadêmicos europeus que tinham se debatido com a destruição política e econômica da Segunda Guerra Mundial e que buscavam explicações teóricas para o que dera errado. Nada em Marx ou Engels preparara os intelectuais para Stálin ou os nazistas nem para a ampla reação social contra eles».[18] Por estabelecer uma ponte entre diversos pensadores esquerdistas americanos e europeus, *Telos* foi influente durante décadas. Embora sua influência imediata tenha diminuído, aqueles que leram e escreveram para o periódico levaram a sério a crítica de Schmitt ao liberalismo. A maioria deles eram professores cujos alunos continuaram a levá-lo a sério também. Como argumentou o cientista político Alan Wolfe, «as ideias de Schmitt pairam tão amplamente sobre a esquerda contemporânea que não é preciso nem mesmo se referir a ele para ser influenciado por ele».[19] Só para registrar, tive meu primeiro contato com *O conceito do político* de Schmitt em um seminário no Shalom Hartman Institute em Jerusalém.

Carl Schmitt era um católico reacionário que rejeitava as reformas do Concílio Vaticano II não apenas porque era apegado à missa em latim, mas porque o papa João XXIII retirou a alegação histórica de que a Igreja estava «em perpétua inimizade com muçulmanos e judeus».[20] Para o criador do nebuloso conceito de

---

18 Scott G. McNall, «The Good, the Bad and the Ugly: A Retrospective on Telos», *Fast Capitalism*, v. 5, n. 1, 2009.

19 Alan Wolfe, *The Future of Liberalism*. Nova York: Vintage, 2009, p. 141. Ver também Richard Wolin, «The Cult of Carl Schmitt», *Liberties*, v. 3, n. 1, 2022.

20 Samuel G. Zeitlin, «Indirection and the Rhetoric of Tyranny: Carl Smith's The Tyranny of Values 1960-1967», *Modern Intellectual History*, v. 18, n. 2, 2021. Ver também Bill Scheuerman, «Carl Schmitt and the Nazis», *German Politics and Society*, n. 23, verão 1991; e Mark Neocleous, «Perpetual war, or 'war and war again': Schmitt, Foucault, Fascism», *Philosophy and Social Criticism*, v. 22, n. 2, 1996.

A esquerda não é woke

teologia política, a Igreja Católica era a instituição política arquetípica. Ele acreditava que a distinção que define a política é o contraste entre amigo e inimigo, assim como a moralidade é definida pelos conceitos de bem e mal, e a estética pelos conceitos de belo e feio. Em *Minima Moralia*, Adorno afirmou que o esquema amigo/inimigo de Schmitt objetivava o Outro, adequando-se perfeitamente à ideologia nazista. Ainda mais revelador: definir o político dessa forma é regressivo. Como escreveu Adorno, Schmitt reduz o político a categorias que somente uma criança usaria.[21]

Os escritos posteriores de Schmitt às vezes faziam ressalvas: a distinção amigo/inimigo não era individual; era uma categoria formal que poderia ser aplicada sem ódio. (Ele condenou a Guerra Fria por introduzir «o tratamento do Outro como criminoso, assassino, sabotador e gângster» — uma afirmação que seria menos incrível se não tivesse sido escrita na Alemanha quatro anos após a Segunda Guerra Mundial.)[22] Mas sua tentativa de suavizar seu conceito de inimigo fracassa, assim como as tentativas de Foucault de sugerir uma noção mais suave de poder. Ambos escreveram muitas passagens saudando as associações violentas. Os leitores de Schmitt de hoje geralmente se concentram em escritos anteriores, como *Teologia política* e *O conceito do político*, que são nebulosos e portentosos o suficiente para sugerir muitas coisas. Certamente, ele não pode querer dizer «inimigo» como os nazistas queriam dizer «inimigo»? Mas, mesmo em *O conceito do político*, Schmitt escreveu que tanto a guerra quanto a política «são uma

21 Theodor Adorno, *Minima moralia: reflexões a partir da vida lesada*. Trad. Gabriel Cohn. Rio de Janeiro: Azougue, 2008.

22 Carl Schmitt, «Amnestie – Urform des Rechts», *Christ und Welt*, Stuttgart, 10 nov. 1949.

questão dos antagonismos mais extremos e intensos [...] Os conceitos de amigo, inimigo e luta recebem seu significado real especialmente na medida em que se relacionam e preservam a possibilidade real de aniquilação política».[23]

E, embora tenha afirmado que seu conceito de inimizade política não precisa levar à morte, ele também chamou o assassinato de Abel por Caim de «o início da história da humanidade».[24]

«Quando luto em resistência contra os judeus, estou lutando pela obra do Senhor.» Schmitt elogiou essa citação de Hitler em seu ensaio de 1936 «Die deutsche Rechtswissenschaft im Kampf gegen den jüdischen Geist» [A jurisprudência alemã na luta contra o espírito judaico]. Afinal de contas, os judeus se encaixam na definição de inimigo político que ele havia formulado dez anos antes: «Ele é precisamente o outro, o desconhecido e, para sua essência, basta que ele seja, em um sentido especialmente intenso, existencialmente algo diferente e desconhecido».[25]

Se ele tivesse limitado sua descrição dos judeus como inimigos aos textos que escreveu durante o Terceiro Reich, pode-se argumentar — embora de forma não muito plausível — que estava sob pressão política. Alguns de seus defensores tentaram fazer isso.[26] Isso o tornaria um covarde histórico mundial, mas poderia sustentar a tese de que a famosa distinção entre amigo e inimigo era mais abstrata e menos comum do que qualquer outra que os nazistas tinham em

---

23 Id., *The Concept of the Political.* Chicago: University of Chicago Press, 2007, pp. 27-8.

24 Id., *Ex Captivitate Salus: Erfahrung aus der Zeit 1945-1947.* Cambridge: Polity, 2017.

25 Id., *O conceito do político,* op. cit., p. 28.

26 Ver George Schwab, «Carl Schmitt Hysteria in the us: The Case of Bill Scheuerman», *Telos,* n. 91, primavera 1992.

mente. Infelizmente, para aqueles que defendem esse argumento, seus diários do período pré *e* pós-guerra revelam um antissemitismo nocivo em termos vulgares e exaltados. Tanto o antissemitismo biológico quanto o religioso desempenharam um papel nesse caso, mas o antimodernismo foi ainda mais importante. Assim como os notórios *Cadernos Negros* de Heidegger, os diários de Schmitt tratam os judeus como emblemas de tudo o que ele odiava no mundo moderno.[27] Portanto, não é surpresa que seus diários pós-guerra estivessem repletos de comentários como «Os judeus sempre permanecem judeus [...] precisamente o judeu assimilado é o verdadeiro inimigo».[28]

Na Alemanha, havia nazistas e nazistas. Algumas pessoas estavam engajadas na ideologia, mas a maioria optou pelo regime para avançar na carreira. Pouquíssimos de ambos os tipos estavam genuinamente arrependidos depois de 1945. Eles haviam perdido a guerra, cerca de 7 milhões de cidadãos e um terço de seu território, e estavam focados, como as pessoas fazem, em seu próprio sofrimento. As cidades alemãs estavam em ruínas e ocupadas por exércitos estrangeiros. Alguns deles, como Schmitt, foram impedidos de exercer sua profissão ou até mesmo presos por um breve período. A morte de milhões de civis, insistiam eles, era apenas parte da tragédia da guerra. Os seres humanos nasceram para pecar. E quanto ao bombardeio de Dresden ou o holocausto atômico em Hiroshima? Ações perniciosas como essas eram muito difundidas, mas raramente defendidas em público. E, apesar de ter

---

27 Ver Susan Neiman, «Antimodernismus: Die Quellen allen Unglücks?», *Die Zeit*, 27 out. 2016.

28 Apud Zeitlin, «Indirection and the Rhetoric of Tyranny...», op. cit.

2. Justiça e poder

levado décadas, muitos dos que defendiam tais pontos de vista enfim acabaram percebendo que estavam sem perspectiva. Mas Carl Schmitt nunca mudou. Ele chamou a desnazificação de «terror» e exigiu uma anistia na qual os crimes nazistas seriam não apenas perdoados, mas esquecidos. Ele escreveu um ensaio chamado *Die Tyrannei der Werte* [A tirania dos valores], no qual argumenta que os valores são inteiramente construídos, citando Heidegger, que descartou os valores como «*ersatz* positivista para o metafísico».[29] Ecoando Trasímaco, ele argumenta que os valores são inerentemente motores da violência política. O objetivo de Schmitt nesse ensaio, como demonstrou o historiador Samuel Zeitlin, não era uma defesa geral do positivismo jurídico, mas uma defesa do propagandista nazista Veit Harlan. Se os valores são categorias positivistas vazias, com que base os nazistas poderiam ser condenados? «Os crimes contra a humanidade são cometidos pelos alemães. Os crimes pela humanidade são cometidos contra os alemães. Essa é a única diferença.»

Argumenta-se que a literatura de Céline pode ser dissociada de seu apoio ao fascismo, e que o nazismo de Heidegger não deveria ser considerado um fator relevante para a avaliação de sua metafísica.[30] Não concordo com esses argumentos, mas pelo menos são coerentes. É mais complicado aceitar as ideias de um *teórico político* que defendeu seu compromisso com o nazismo quarenta anos depois do final da guerra, especialmente quando essas ideias são coerentes com a ideologia nazista e, até certo ponto, fundamentais para ela.

---

29 Carl Schmitt, *Die Tyrannei der Werte*. Berlim: Duncker und Humblot, 2020.
30 Para uma visão contrária, ver Richard Wolin, *Heidegger in Ruins: Between Philosophy and Ideology.* Nova York: Yale University Press, 2023.

Uma filósofa contemporânea que defende «pensar com Schmitt contra Schmitt» é Chantal Mouffe. Ela diz que o conceito de «inimigo» de Schmitt pode ser lido mais como «adversário» do que como alguém a ser destruído. Essa é uma revisão importante do próprio modo como Schmitt entendia o termo, mas não é o único problema. Mouffe está certa ao dizer que muito do que é tomado como consenso democrático é uma máscara para apatia, e uma sociedade funcional precisa de confronto e debate. Mas ela também defende que, «a fim de radicalizarmos a ideia de pluralismo, de forma a transformá-lo num meio de aprofundamento da revolução democrática, temos de romper com o racionalismo, o individualismo e o universalismo».[31] Sem eles, é claro, faz sentido concluir como ela: o estado de natureza de Hobbes nunca pode ser erradicado, apenas controlado.[32] Mas controlar uma guerra natural de todos contra todos é realmente o máximo a que aspiramos?

Remontando às doutrinas cristãs do pecado original que ele nunca abandonou, Schmitt escreveu que «todas as teorias políticas genuínas pressupõem que a humanidade é má». Portanto, o conflito, segundo ele, é a lei da vida. Essa é uma visão que Schmitt e seus seguidores gostam de chamar de realismo, enquanto desdenham qualquer outra como ingênua. Poucos percebem que isso significa um grande número de afirmações metafísicas sobre a essência da realidade.[33] As coisas reais, em uma visão schmittiana, podem ser quantificadas e percebidas com alguma combinação de nossos sentidos. Isso não deixa espaço para ideias como justiça, equidade ou

---

31 Chantal Mouffe, *O regresso do político.* Trad. Ana Cecília Simões. Lisboa: Gradiva, 1996, p. 18.
32 Ibid.
33 Ver Neiman, *Moral Clarity*, op. cit.

2. Justiça e poder

igualdade, mas deixa muito espaço para terras e mares, petróleo e grãos, foguetes e tanques. Não há como evitar: essa é uma teoria política para a guerra. Ele contrapôs a esfera política à econômica, que ele descartou como uma arena obsoleta de negociação e compromisso — exatamente o tipo de coisa que os anglo-saxões fazem. O que dá significado real à vida, por outro lado, é a distinção entre amigo e inimigo. Como Nietzsche num dia ruim, Schmitt argumentou que a ameaça de morte violenta por parte do Outro é a fonte das virtudes heroicas e dos homens reais, que desprezam as atividades insípidas que criam mentalidades vulgares de comerciantes.

O que torna atraente uma visão de mundo tão nociva? (Ele não conseguia nem escrever tão bem quanto Nietzsche.) Os leitores que se situam à esquerda do liberalismo só podem ser atraídos pelas críticas contundentes de Schmitt ao fracasso e à hipocrisia liberais. Ele descreveu os parlamentos democráticos liberais como instituições que não fazem mais do que emitir opiniões sem cessar, enquanto as questões reais são decididas em outro lugar — uma descrição que se encaixa tanto no Congresso dos Estados Unidos do século XXI quanto no Reichstag da República de Weimar. É ainda mais fácil concordar com sua crítica ao colonialismo. A chave para a história moderna, escreveu Schmitt, é a apropriação de terras pela Europa que tomou conta do globo. Ele foi particularmente incisivo em relação ao imperialismo britânico: as piedades inglesas sobre humanidade e civilização não passavam de retórica para disfarçar atos monumentais de pirataria. Os americanos não se saíram melhor. Schmitt criticou a Doutrina Monroe. Concebida como uma reação à colonização europeia da América do Sul, se tornou uma declaração de que somente os Estados Unidos seriam responsáveis por determinar o que ocorreria naquele território que eles consideram seu quintal. A crítica fundamentada não impediu que, ao escrever sobre direito internacional, usasse a Doutrina Monroe como argumento para justificar a expansão do Grande Reich Germânico. Note-se que o livro foi publicado em 1942, durante a guerra entre a Alemanha e os Estados Unidos. Qualquer argumento que enfraquecesse a alegação de que estavam lutando pela justiça ou pela democracia era bem-vindo. Hitler apresentou o mesmo exemplo ao Reichstag em 1939.[34]

Se tivéssemos lido *Mein Kampf* [*Minha luta*], teríamos visto esse tipo de coisa antes. O próprio Hitler usou o genocídio de povos nativos pelos euro-americanos e o roubo de terras nativas para justificar sua esperança de estender o *Lebensraum* alemão até Vladivostok. Outros nazistas fizeram o mesmo quando responderam aos protestos americanos contra as Leis de Nuremberg divulgando imagens de linchamentos de negros nos Estados Unidos: cuidem de seus próprios problemas raciais antes de dar lições sobre os nossos. Nem Hitler nem os advogados nazistas que se basearam na lei americana racista estavam errados: a Grã-Bretanha e os Estados Unidos estavam frequentemente comprometidos com práticas racistas e coloniais violentas, em desacordo com sua retórica democrática liberal. Contudo, o uso desses exemplos pelos nazistas não foi mero esforço de desmascaramento, muito menos uma contribuição para a libertação. Como para Vladimir Putin hoje, seu único interesse era a seguinte questão: se as terras elevadas da liberdade praticam o roubo e o terror, não podemos fazer o mesmo?

---

34 Ver Schwab, «Carl Schmitt Hysteria in the US...», op. cit.

2. Justiça e poder

Schmitt evitou responder à pergunta «Dois erros fazem um acerto?», uma vez que, em uma história mundial repleta de violência, conceitos como *certo* e *errado* desaparecem. Ambos são apenas retórica usada para disfarçar a única força que existe: o poder. É importante notar que, embora a desconstrução das democracias liberais feita por Schmitt tivesse como alvo os inimigos do Terceiro Reich, os nazistas raramente alardearam suas teorias políticas. Mesmo com o alistamento universal, é difícil convencer 19 milhões de homens a arriscarem a vida pelo que é apenas uma eterna luta pelo poder sem algum conteúdo moral. Schmitt foi o principal teórico jurídico do Terceiro Reich, mas não seu principal propagandista. Os apelos para defender a pátria contra os bolcheviques bestiais sustentaram um número significativo de alemães no campo de batalha. Agora quem espera ser politicamente eficaz precisa entender as relações de poder concretas, assim como as reivindicações normativas. Este breve livro não contribuirá para as muitas discussões sobre como as duas podem ser equilibradas. Mas não será possível manter um compromisso com a justiça enquanto você achar que, afinal, Trasímaco estava certo. Pois o conceito de «direitos humanos» pode ser questionado, mas, sejam eles quais forem, os direitos humanos são reivindicados com o objetivo de limitar a afirmação de poder. Eles insistem que o poder não é apenas um privilégio da pessoa mais forte da vizinhança; ele requer uma justificativa. Lembre-se da história em que surgiram as reivindicações de direitos humanos: era impensável que camponeses e príncipes pudessem estar em qualquer lugar em pé de igualdade. Se o camponês tomasse o cervo do príncipe, ele poderia ser enforcado.

A esquerda não é woke

Se o príncipe tomasse a filha do camponês, o mundo era assim mesmo. A doutrina do direito divino dos reis era, na verdade, uma afirmação do poder de Deus e sua capacidade de transferir esse poder aos seus representantes e descendentes. Também vale a pena relembrar o contexto teológico em que surgiu a doutrina do direito divino. Milhões de europeus massacraram uns aos outros nas guerras religiosas. Como a maioria das guerras, essas guerras se referiam a territórios e tesouros, mas também foram travadas por questões teológicas. Os conflitos mais graves diziam respeito à natureza de Deus: seu poder era limitado por sua bondade ou Deus podia fazer o que quisesse? Os calvinistas argumentavam que o poder de Deus era absoluto: se ele entregava milhões de bebês ao fogo eterno do inferno, quem éramos nós para questioná-lo? Quando essa concepção de Deus era oferecida, não era fácil restringir o poder dos reis terrenos.

As demandas universais de justiça que tinham como objetivo limitar simples afirmações de poder foram amplamente abusadas, desde as Revoluções Americana e Francesa, que as proclamou pela primeira vez, até os dias atuais. Carl Schmitt não estava errado sobre isso. Ele concluiu que a tomada de poder pura e simples, como a dos nazistas, não era apenas legal, mas legítima. Você pode achar que isso é o melhor que podemos fazer. Ou pode começar a trabalhar para diminuir a distância entre os ideais de justiça e as realidades do poder.

Embora Foucault possa ter contribuído para nossa compreensão do poder no mundo moderno, argumentei que nem ele nem Schmitt promoveram uma nova visão sobre as relações entre justiça e poder. Na sua

2. Justiça e poder

forma mais simplificada, seus argumentos remontam aos sofistas: as reivindicações de justiça são elaboradas para ocultar os interesses motivados pelo poder. Isso representa um retrocesso a um mundo em que a força — chame isso de poder — faz o certo, o que não corresponde a nenhum conceito de direito. O que é novo é o número crescente de visões de mundo que as tomam como certas atualmente. Dado que as alegações de justiça têm sido usadas com frequência para ocultar a busca pelo poder, a distinção entre poder e justiça tem sido cada vez mais negligenciada. As suposições de Trasímaco parecem agora ser inescapáveis e qualquer outra coisa parece cada vez mais estranha. Diante de duas explicações igualmente plausíveis para um comportamento humano, estamos inclinados a convergir para a pior. Quanto mais vezes se decepcionar, mais fácil será esperar a decepção. Quanto mais vezes mentirem para você, mais fácil será suspeitar de manipulação por trás de tudo o que lhe for dito. As consequências do imperialismo britânico e da hegemonia dos EUA ainda estão presentes o suficiente para fazer com que a crítica de Schmitt soe verdadeira. A maioria agora reconhece que é inerente à natureza humana promover seus próprios interesses acima de tudo e disfarçar esses interesses com retórica moral.

Se você pede um argumento, respondem-lhe com história. E a história não carece de exemplos de lutas pelo poder vestidas com roupas finas. Foucault e Schmitt mostram que muitas dessas roupas são ilusões. Mas uma série de imperadores nus seria apenas uma *evidência* para afirmações terríveis sobre a natureza humana e suas possibilidades; não seria uma prova. Mesmo para aqueles que acreditam em essências, provas

A esquerda não é woke

sobre a natureza humana deveriam parecer impossíveis desde 1756, quando Jean-Jacques Rousseau nos ensinou o quanto lemos minuciosamente nossas próprias visões de mundo, e esperanças políticas, na pré-história que nunca poderemos conhecer. Mas essa parte do argumento de Rousseau raramente é considerada.[35] Em vez disso, sua visão é distorcida na afirmação de que, no estado de natureza, os seres humanos são naturalmente bons. Ele não disse isso, mas que, antes da civilização, a humanidade era moralmente neutra, dominada por duas características compartilhadas com os animais: instinto de piedade e desejo de liberdade. As duas inclinações podem ser destruídas pelo tipo errado de educação e de estruturas sociais. Contudo, com condições adequadas, elas formam a base da conduta correta.

Mas análises de visões filosóficas sobre a natureza humana tendem a ser transmitidas em termos mais apropriados a um jogo de futebol: Hobbes diz que somos ruins, Rousseau diz que somos bons; Hobbes acha que, sem um soberano absoluto, estamos o tempo todos ameaçados pela guerra, Rousseau acha que estaríamos em paz com a civilização fora do nosso caminho. Ambos os filósofos são consideravelmente mais complexos, mas aqueles que não o leem simplificam o debate: Hobbes era realista, Rousseau era utópico.

É óbvio que Hobbes e Rousseau não foram os únicos pensadores que escreveram sobre o estado de natureza da espécie humana. Muitos acreditam que, se tivéssemos acesso a ele, compreenderíamos a essência da natureza humana. Isso ao menos tornaria nossa vida mais fácil porque nos ajudaria a prever e controlar

---

35 Rousseau, *A origem da desigualdade entre os homens*, Trad. Eduardo Brandão. São Paulo: Companhia das Letras, 2017.

2. Justiça e poder

os seres humanos. Assim, as especulações abundavam antes dos tempos modernos, mas foi preciso que Rousseau enfatizasse que não temos acesso algum ao estado de natureza. Em vez disso, atribuímos condições atuais e nossas inclinações políticas a povos pré-históricos em cujo mundo não podemos entrar. O que sobrou deles são vestígios, ruínas e pedaços de ossos. As condições atuais certamente reforçam uma visão obscura da natureza humana; Voltaire escreveu que a parte mais plausível da teologia cristã era a doutrina do pecado original. Mas as evidências do comportamento da humanidade pré-alfabetizada são tão escassas que poderia ter mantido os filósofos especulando durante séculos.

Então surgiu a psicologia evolucionista. Ela não aparentava ser apenas mais uma filosofia. Parecia uma ciência concreta e pretendia nos dar uma visão da essência de nossos ancestrais caçadores e coletores pré-alfabetizados, que eram primitivos demais para formular racionalizações a fim de descrever seu comportamento ou, pelo menos, para escrevê-las. A partir dessas hipóteses que não foram comprovadas sobre o que teria motivado os seres humanos a agirem naquele ambiente, os psicólogos evolucionistas chegaram à conclusão de que o comportamento humano é impulsionado pelo nosso desejo de aumentar as chances de reprodução: tudo o que fazemos é motivado pelo desejo de nos perpetuarmos.

A historiadora da ciência Erika Milam mostra que a teoria foi originalmente considerada um avanço em relação às principais teorias evolucionistas da década anterior. Os cientistas sociais não conseguiram explicar a violência humana durante a Guerra Fria, o que

A esquerda não é woke

levou alguns pesquisadores a recorrer à biologia. Eles propuseram o que ficou conhecido como a teoria do macaco assassino. Ela afirmava que os seres humanos se diferenciam dos outros primatas por terem uma tendência maior à agressão, e essa agressão é o que impulsiona a evolução humana. A visão foi popularizada em vários best-sellers, bem como em filmes de sucesso de Hollywood, mas logo foi atacada por falta de evidências. Edward O. Wilson, o pai fundador da sociobiologia, inverteu a questão na qual a teoria do macaco assassino se baseava. Se os defensores dessa teoria questionaram como as criaturas evoluíram de um passado relativamente pacífico para a violência que abalou o mundo na história recente, os sociobiólogos começaram a aceitar as suas conclusões e supor que os seres humanos sempre foram agressivamente competitivos. «Penso que a ideia [de Tennyson] de 'uma natureza rubra em seus dentes e garras' traduz admiravelmente bem a compreensão moderna da seleção natural», escreveu o biólogo evolucionista Richard Dawkins.[36] A verdadeira questão, argumentou Wilson, era como aprendemos a cooperar quando a cooperação sacrificava nossos próprios interesses genéticos. Os sociobiólogos estavam profundamente intrigados com o fato inegável de que os indivíduos às vezes sacrificam seu próprio bem-estar para proteger os outros. Milam explica que, ao questionar como o altruísmo evoluiu, os sociobiólogos naturalizaram a violência como algo essencial à natureza humana.

---

36 Richard Dawkins, *O gene egoísta*. Trad. Rejane Rubino. São Paulo: Companhia das Letras, 2016.

2. Justiça e poder

Considerando a agressão algo natural, os sociobiólogos procuraram entender por que os animais sempre cooperaram, e, na seleção sexual e na seleção de parentesco, eles pensaram ter as respostas. Sexo, paternidade e famílias animais podem parecer cooperação, mas, quando machos e fêmeas se unem sexualmente, cada um segue inconscientemente uma estratégia competitiva desenvolvida ao longo de muitas gerações para dar à luz a próxima geração e, ao fazê-lo, perpetua sua linhagem genética individual.[37]

A teoria logo evoluiu para oferecer explicações não apenas sobre sexo e vida familiar, mas sobre praticamente tudo o que fazemos. O antropólogo Clifford Geertz inicia uma análise da seguinte maneira:

> Este é um livro sobre «as diferenças primárias entre homens e mulheres na sexualidade entre os seres humanos», no qual não são discutidas as seguintes coisas: culpa, admiração, perda, autovalorização, morte, metáfora, justiça, pureza, intencionalidade, covardia, esperança, julgamento, ideologia, humor, obrigação, desespero, confiança, malícia, ritual, loucura, perdão, sublimação, piedade, êxtase, obsessão, discurso e sentimentalismo. Só poderia ser uma coisa, e é. Sociobiologia.[38]

Até mesmo seus defensores reconheciam às vezes que «parece ridículo sugerir que todas as atividades dos seres humanos são decorrentes das estratégias reprodutivas dos indivíduos ou, mais especificamente,

---

37 Erika L. Milam, *Creatures of Cain: The Hunt for Human Nature in Cold War America*. Princeton: Princeton University Press, 2019, p. 274.

38 Clifford Geertz, «Sociosexology», *New York Review of Books*, 24 jan. 1980 (resenha do livro de Donald Symons, The Evolution of Human Sexuality).

A esquerda não é woke

de seus genes».[39] No entanto, aqueles que se dedicaram a encontrar uma estrutura única que pudesse explicar todo o comportamento humano permaneceram entusiasmados. Não demorou muito para que os críticos de esquerda atacassem as implicações políticas da sociobiologia. Stephen Jay Gould, um dos primeiros, escreveu que «O determinismo biológico sempre foi usado para defender os arranjos sociais existentes como biologicamente inevitáveis [...] do imperialismo do século XIX ao sexismo moderno».[40]

Muitos elementos da sociobiologia eram implicitamente racistas; desde a morte de Wilson, foram descobertos vínculos ainda mais explícitos com a biologia racista. As críticas feministas manifestaram-se indignadas com a forma como os sociobiólogos concebiam os atuais papéis de gênero na pré-história, implicando assim que tais papéis eram inevitáveis. Wilson respondeu aos críticos afirmando que não era um determinista biológico; os traços hereditários apenas delimitam o comportamento potencial, que pode variar de acordo com a cultura. Mas seus exemplos de variação cultural não eram muito promissores: os homens são geneticamente inclinados a se acasalar com o maior número possível de mulheres, mas, dependendo da cultura, isso pode se manifestar em casamentos, monogamia em série ou poligamia. Cada variação cultural, entretanto, pressupõe uma mulher monogâmica em casa cuidando do DNA. Aqueles que se assustam com essa formulação devem considerar a seguinte frase de Wilson:

---

39 Richard Alexander, apud Philip Kitcher, *Vaulting Ambition: Sociology and the Quest for Human Nature*. Cambridge, MA: MIT Press, 1987, p. 274.

40 Stephen Jay Gould, *Ever Since Darwin: Reflections on Natural History*. Nova York-Londres: W.W. Norton & Company, 1992, p. 258. [Ed. bras.: *Darwin e os grandes enigmas da vida*. Trad. Maria Elizabeth Martinez. São Paulo: Martins Fontes, 1992.]

2. Justiça e poder

«O organismo é apenas a maneira de o DNA fazer mais DNA», uma brincadeira com a frase de Samuel Butler «A galinha é apenas a maneira de o ovo fazer outro ovo».

Alguns sociobiólogos foram cuidadosos em distinguir entre «sociobiologia pop» e estudos sérios da área, mas o filósofo Philip Kitcher, que faz tais distinções, escreveu que «As apresentações populares são onde a ação está».[41] Elas também são, é claro, as versões que se infiltram na cultura geral. A sociobiologia pop, continua Kitcher, «promove a ideia de que as estruturas de classe são socialmente inevitáveis, que os impulsos agressivos em relação a estranhos são parte de nossa herança evolutiva, que existem diferenças indeléveis entre os sexos que condenam as esperanças das mulheres de uma igualdade genuína».[42]

Em meados da década de 1980, um consenso se constituiu: a sociobiologia não era apoiada por evidências e, além disso, era reacionária. Os sociobiólogos protestaram dizendo que estavam apenas sendo realistas, enquanto seus críticos eram sentimentais. Mas as críticas foram tão intensas que, depois delas, poucos queriam usar o termo «sociobiologia» para descrever qualquer coisa que envolvesse o estudo do comportamento humano. No entanto, por volta da virada do milênio, a sociobiologia ressurgiu em uma forma um pouco menos ofensiva e com um nome diferente. (O *timing*, eu diria, não foi acidental.) Os psicólogos evolucionistas reconheceram suas dívidas com a sociobiologia, mas argumentaram que sua nova área estava mais bem adaptada aos seres humanos por meio da inclusão de categorias psicológicas. A revisão acrescentou uma proteção contra a acusação de reducionismo

---

41 Kitcher, *Vaulting Ambition*, op. cit., p. 256.
42 Ibid., p. 435.

biológico, mas, na maioria das vezes, essa é uma distinção sem diferença. Kitcher chama a psicologia evolucionista de «sociobiologia pop com uma folha de figueira».[43] Além disso, ela não altera o fato de que os mecanismos que estão sendo selecionados são essencialmente egoístas. «A biologia evolutiva deixa bem claro que 'O que eu ganho com isso?' é uma forma antiga de toda a vida, e não há motivo para excluir o *Homo sapiens*».[44]

Como outros filósofos já observaram, os psicólogos evolucionistas têm o hábito de alternar entre diferentes usos da palavra «egoísta». Às vezes, eles a usam para sugerir exatamente o que queremos dizer em uma conversa comum. Richard Dawkins começa seu best-seller *O gene egoísta* da seguinte forma:

> O argumento deste livro é que nós, e todos os outros animais, somos máquinas criadas por nossos genes. Como os bem-sucedidos gângsteres de Chicago, nossos genes sobreviveram — em alguns casos por milhões de anos — num mundo altamente competitivo [...] Sustentarei a ideia de que uma qualidade predominante que se pode esperar de um gene bem-sucedido é o egoísmo implacável. No entanto, [...] existem circunstâncias especiais em que um gene pode atingir mais efetivamente seus próprios objetivos egoístas cultivando uma forma limitada de altruísmo.[45]

43 A. Leah Vickers; Philip Kitcher, «Pop Sociobiology Reborn: The Evolutionary Psychology of Sex and Violence». In: Cheryl Brown Travis (Org.), *Evolution, Gender and Rape*. Cambridge, MA: mit Press, 2003, p. 141.

44 David Barash, apud Kitcher, *Vaulting Ambition*, op. cit.

45 Dawkins, *O gene egoísta*, op. cit.

A referência aos gângsteres de Chicago e a utilização de termos como «implacável» invocam o tipo de comportamento que seria condenável em qualquer

2. Justiça e poder

pessoa que tivéssemos a oportunidade de conhecer. No entanto, sob críticas, Dawkins e outros respondem que não estão usando a palavra «egoísta» em um sentido vulgar comum, já que não se pode dizer que os genes tenham motivos. A palavra, Dawkins alegou depois, é apenas uma metáfora usada para descrever uma propriedade abstrata complexa, com o objetivo de aumentar a representação do próprio gene nas gerações futuras. Contudo, o descuido entre o uso comum e o uso técnico de palavras como «egoísta» é recorrente, além de elaborações que sugerem fortemente que os psicólogos evolucionistas pretendem que «egoísta» signifique exatamente o que pensamos que significa.

Por conseguinte, tanto quanto os sociobiólogos que os geraram, os psicólogos evolucionistas deparam com o que eles chamam de problema do altruísmo. Por mais que a história nos forneça uma série de exemplos de lutas disfarçadas pelo poder e pela autopreservação, também nos dá inúmeros exemplos de pessoas que às vezes fazem coisas contrárias ao interesse próprio, mesmo à custa de sua vida. A filósofa Mary Midgley argumenta que a alegação do egoísmo universal é incoerente: «Se a consideração pelos outros fosse realmente impossível, não haveria nenhuma palavra para dizer que não a temos».[46] Esses exemplos representam um problema para a teoria, mas os psicólogos evolucionistas se esforçam muito para encaixá-los em seu esquema. Wilson é claro sobre o princípio: «O altruísmo é, em última análise, egoísta. O 'altruísta' espera reciprocidade da sociedade para si mesmo ou para seus parentes mais próximos. Seu bom comportamento é calculista, muitas

---

46 Mary Midgley, *Evolution as a Religion*. Londres: Routledge Classics, 2002, p. 137.

A esquerda não é woke

vezes de forma totalmente consciente [...] Seus veículos psicológicos são a mentira, o fingimento e o engano, inclusive o autoengano, porque o ator é mais convincente quando acredita que seu desempenho é real».[47]

Steven Pinker amplia as afirmações gerais de Wilson:

> A comunidade, a emoção muito diferente que leva as pessoas a se sacrificarem sem uma expectativa de retorno, pode estar enraizada no altruísmo nepotista, a empatia e a solidariedade que sentimos em relação aos nossos parentes, que evoluiu porque qualquer gene que levasse um organismo a ajudar um parente teria ajudado cópias de si mesmo dentro desse parente [...] Às vezes, é compensador para as pessoas (em um sentido evolutivo) amar seus companheiros porque seus interesses estão unidos, como cônjuges com filhos em comum [...] às vezes não é compensador, mas seus detectores de parentesco foram enganados para que tratassem seus companheiros de grupo *como se* fossem parentes por meio de táticas como metáforas de parentesco (*fraternidades, a pátria*).[48]

Suponhamos que você pergunte por que, nesse caso, nos preocupamos em desenvolver um bom caráter. O psicólogo evolucionista responderá: *Nos pequenos vilarejos que costumávamos habitar, suas boas ações eram notadas e lembradas, portanto, você poderia ter certeza de que um dia receberia um pedaço da minha torta se me desse um da sua.* Se você acredita que o compartilhamento é motivado pelo desejo de proteger

---

47 Edward Osborne Wilson, *On Human Nature*. Londres: Penguin, 1995, pp. 155-6.

48 Stephen Pinker, «The Moral Instinct». In: Hilary Putnam, Susan Neiman and Jeffrey Schloss (Orgs.), *Understanding Moral Sentiments: Darwinian Perspectives?* Nova York: Transaction, 2014, p. 69.

2. Justiça e poder

suas apostas, achará essa explicação convincente — pelo menos até questionar o motivo pelo qual eles se preocupam com o caráter em Londres ou Pequim. *O comportamento que se adaptava às pequenas cidades foi transferido para as metrópoles, onde persistiu automaticamente mesmo após a interrupção dos benefícios imediatos.* Qualquer problema na teoria pode ser resolvido dizendo que o que não serve mais aos nossos interesses egoístas já serviu aos nossos ancestrais caçadores-coletores. Essa é uma especulação que se fundamenta na fé. Ela pode ser levada adiante sem limites, até todas as vezes que a história mostrou a disposição humana de morrer por um princípio. Por que os bons darwinianos fariam isso? *Porque, mesmo que percam a própria vida, podem estar maximizando o sucesso reprodutivo de seus parentes.* E os soldados que morrem por seu país? *No passado, o país era como uma família.* E as pessoas que morrem por algo ainda mais abstrato? Se você está convencido de que todo ato altruísta é uma forma disfarçada de interesse próprio, encontrará uma maneira de demonstrar que *poderia ter sido interesse próprio* nos velhos tempos, mas continuou girando suas rodas ociosas nos dias atuais. Certamente você não é o tipo de fundamentalista religioso que se recusa a acreditar em Darwin.

Os psicólogos evolucionistas geralmente insinuam que qualquer objeção a seus pontos de vista é uma objeção à própria ciência. Sugerem que seus críticos, se não forem criacionistas declarados, são sentimentalistas nostálgicos incapazes de aceitar a visão de Nietzsche de que valores morais como o altruísmo morreram junto com seu criador. O tom retórico, escreve Midgley, «varia entre a reverência ao poder (genético) e o desprezo pelos seres humanos que supõem que qualquer outro elemento da vida precisa se preocupar com eles.

A esquerda não é woke

É fortemente fatalista, ou seja, não apenas resignado aos males que se provaram inevitáveis, mas, de modo mais geral, desdenhoso de todo esforço humano».[49]

E, como conclui Kitcher, as ideias que estão sendo disfarçadas têm uma longa história: «Quando examinamos o tratamento sociobiológico pop do altruísmo humano, descobrimos que ele se dissolve em especulações hobbesianas gratuitas que não têm base na biologia nem em nenhuma outra ciência».[50]

Kitcher não está sozinho nesse ponto. Entre outros, Friedrich Engels, Richard Lewontin e Donna Haraway observam a guerra hobbesiana de todos contra todos que está na base da maioria das teorias evolucionistas. O próprio Pinker escreve que Hobbes faz «uma análise, tão boa quanto qualquer uma feita em nossa época, dos incentivos à violência» — pouco antes de afirmar que «Hobbes e Rousseau estão falando do que não sabem: nenhum deles conhecia coisa alguma sobre a vida antes da civilização».[51] Como Milam demonstrou, a onipresença da agressão, defendida pela teoria do macaco assassino, tornou-se o ponto de partida da sociobiologia. Apesar de as especulações estarem presentes em Hobbes, elas podem ser encontradas mais cedo, pois o filósofo que descreveu a vida natural como «solitária, pobre, desagradável, bruta e curta» foi uma versão moderna inicial de Trasímaco. Como escreve Midgley:

---

49 Midgley, *Evolution as a Religion*, op. cit., p. 152.

50 Kitcher, *Vaulting Ambition*, op. cit., p. 403

51 Steven Pinker, *Os anjos bons da nossa natureza: por que a violência diminuiu?* Trad. Bernardo Joffily e Laura Teixeira Motta. São Paulo: Companhia das Letras, 2013.

2. Justiça e poder

As distorções morais e psicológicas subjacentes realmente não mudaram (desde os mal-entendidos de Spencer sobre Darwin). A imagem do mundo que essa retórica exibe ainda é aquela projetada de forma grosseira por aqueles que glorificaram o capitalismo de livre-iniciativa em seus estágios de expansão impetuosa, descrevendo tanto a natureza humana quanto a biosfera como moldadas à sua imagem. Ela é usada agora, como era na época, para justificar as falhas de caráter típicas desse momento cultural, tratando-as como universais e inevitáveis.[52]

Ela conclui: «Em resumo, a divindade que está sendo adorada é o poder».

Para que fique registrado: Darwin demonstrou que as espécies humanas se desenvolveram a partir de ancestrais que temos em comum com nossos primos evolutivos, os grandes macacos, mas não demonstra que a ação humana pode ser compreendida analisando as estratégias reprodutivas dos macacos. Embora os psicólogos evolucionistas contemporâneos geralmente evitem as afirmações mais drasticamente reducionistas, seus pontos de vista trabalham juntos para insinuá-las. Nem mesmo o teórico evolucionista mais apaixonado nega alguma diferença entre nossas estratégias reprodutivas e as de um chimpanzé. O homem que compõe um soneto para sua amada fez algo mais do que bater no peito e oferecer um pedaço de carne. No entanto, a discussão sugere que o valor adicional proporcionado pela atividade humana é superficial. O que *realmente* somos é o macaco que bate no peito; o que os sonetos e as sinfonias proporcionam

---

52 Midgley, *Evolution as a Religion*, op. cit., p. 152.

A esquerda não é woke

é apenas embalagem. Na relação entre natureza e cultura, é a natureza que manda.

Suponha que você concorde com os defensores mais militantes destes pontos de vista: a anatomia é o destino, a biologia é primária e o que quer que tenha se juntado a elas posteriormente é de importância secundária. Nem isso o compromete com o que o primatologista Frans de Waal chama de Teoria do Verniz: «Somos parte natureza, parte cultura, em vez de um todo bem integrado. A moralidade humana é apresentada como uma fina crosta sob a qual fervem paixões antissociais, amorais e egoístas».[53] A palavra *verniz* foi bem escolhida por De Waal para criticar uma série de pontos de vista que sustentam que tudo o que é natural são impulsos biologicamente determinados para nos reproduzirmos; a cultura é a tentativa transparente e fina de promover essa realidade, ao mesmo tempo que a encobre.

Essa visão foi questionada de forma persuasiva por diversos primatologistas que passam a vida estudando nossos parentes mais próximos. O trabalho de De Waal é o mais abrangente do ponto de vista filosófico. Sua investigação sobre uma variedade de macacos e símios o levou a concluir que «somos seres morais em essência». Essa pesquisa é importante porque começa de baixo para cima. Ela mostra que, mesmo que se aceite a ideia de que a cultura é trivial (ou, de qualquer forma, evolutivamente recente) e que a maior parte do que é essencial à natureza humana é bestial, estamos muito melhor do que se supõe. As respostas emocionais ao sofrimento alheio, que compartilhamos com os macacos, são os blocos de construção das estruturas

---

53 Frans de Waal, *Primates and Philosophers: How Morality Evolved*. Princeton: Princeton University Press, 2006, p. 10.

complexas da moralidade humana. De Waal e outros demonstraram que os primatas têm a capacidade mais básica para o desenvolvimento moral: a capacidade de se colocar no lugar dos outros. O sentimento de compaixão, a capacidade de gratidão e o senso de justiça começam exatamente aí.

Na própria época de Darwin, a discussão sobre a motivação humana era infinitamente mais rica do que na nossa. Nenhum dos leitores de Dostoiévski ou Eliot imaginará que o século XIX era ingênuo em relação ao que nos move, ou à curiosa mistura de interesses pessoais com outros motivos que nos movem, sejam eles grandes ou pequenos. A diferença é que, até bem recentemente, os motivos humanos eram considerados *mistos*. Parecia evidente que as pessoas são movidas pelo desejo de se comportar de acordo com certas normas, bem como pelo desejo de garantir formas mais restritas de bem-estar. «Ela fez isso porque era certo» já foi, por si só, uma declaração explicativa, embora sempre fosse possível questionar se essa era realmente a razão pela qual ela fez isso. No final do século XX, essas afirmações deixaram de ser consideradas explicações, mas precisavam ser desconstruídas, revelando alguma forma de interesse próprio como a verdadeira força motriz. Nenhum dos pensadores que contribuíram para a compreensão dessa suposição pareceu responder à seguinte questão histórica: será que essa premissa pode ser parte de uma estrutura conceitual construída no século XX? A suposição de que qualquer explicação genuína do comportamento humano deve ser baseada em descrições idealistas e de alto nível para chegar às engrenagens de interesse próprio que nos movem é, por si só, uma peça de ideologia cuja história ainda não foi escrita.

A esquerda não é woke

O que o woke *tem a ver com isso?*

A psicologia evolucionista dificilmente é um produto da esquerda; ela surgiu como uma teoria que provocou uma torrente de críticas da esquerda. Reinventada com outro nome alguns anos depois, ela agora fornece as suposições padrão sobre o comportamento humano aceitas pela maioria das pessoas, independentemente do ponto de vista político. Essas suposições são, sem dúvida, tribalistas: proteger os seus já não é uma questão de teoria ou conselho, mas sim uma característica presente em seus genes. As suposições são tão difundidas que raramente as percebemos quando aparecem regularmente nas notícias ou na mídia cultural. Diferentemente do trabalho dos filósofos, a psicologia evolucionista irradia um ar de objetividade rígida que faz com que a especulação pareça ciência. Dessa forma, ela funciona como a batida de fundo de uma cultura na qual cada vez mais visões de mundo nos levam de volta a Trasímaco.

O *woke* não está mais imune às pressões da cultura contemporânea do que o resto de nós. Quando algo é repetidamente apresentado como ciência dura, raramente é questionado — sobretudo quando o ceticismo sobre a psicologia evolucionista é mais ou menos sutilmente equiparado às opiniões dos criacionistas de direita, que acham que a teoria da evolução em si é um embuste, opinião apoiada por fundamentalistas cristãos e hindus.

Uma esquerda mais crítica poderia ter indagado, contudo, como a ideologia da psicologia evolucionista renasceu dos escombros da sociobiologia para se tornar um consenso no final da Guerra Fria. A visão da natureza humana ligada a um ciclo de competição infinita serve às necessidades de um mundo que declara, nas

2. Justiça e poder

125

palavras de Margaret Tatcher, que *não há alternativa* ao neoliberalismo. Não há necessidade de teoria da conspiração para perguntar: não era a hora certa de se unir em torno de uma visão de mundo que enxerga o altruísmo como um problema? Os «woke», é claro, se opõem ao neoliberalismo. Mas, por terem sido influenciados por teorias cujos pressupostos são muito semelhantes, eles não questionaram a suposta ciência que tacitamente o apoia. Se você aceita os relatos filosóficos sobre a difusão do poder, o que há para não gostar na psicologia evolucionista? Como escreveu o jornalista científico Robert Wright em 2004:

> Este cinismo de marca darwinista não chega exatamente a preencher uma lacuna cultural. Várias vanguardas acadêmicas —desconstrucionistas literários e antropólogos, adeptos de «estudos legais críticos» — já estão vendo a comunicação humana como «discursos de poder». Muitas pessoas já acreditam no que o neodarwinismo sublinha: que, nos negócios humanos, tudo (ou pelo menos grande parte) é artificial, uma manipulação interesseira da imagem.[54]

Essas ideias não são apresentadas como ideologia, mas como fatos concretos sobre a natureza (humana). Pensadores iluministas usaram a razão para indagar se os estados de coisas da época eram tão naturais quanto nos dizem aqueles que giram as rodas do poder. Podemos fazer o mesmo? Especialistas de diferentes áreas trabalharam durante décadas para minar a tirania do

---

54 Robert Wright, *O animal moral. Por que somos como somos: a nova ciência da psicologia evolucionista*. Trad. Lia Wyler. Rio de Janeiro: Campus, 1996, p. 284.

interesse próprio subjacente à psicologia evolucionista e às visões de mundo que ela apoia. O modelo simplesmente não explica grande parte do comportamento dos seres humanos (ou dos primatas, ou dos elefantes, ou, de acordo com alguns estudos, até mesmo dos ratos). Infelizmente, o modelo está subjacente a tantas visões que esse desmascaramento cuidadoso muitas vezes passa despercebido. Mas, mesmo sem a ajuda da ciência e dos estudos, um pouco de autorreflexão pode nos convencer de que nem *sempre* agimos como as ideologias dominantes sugerem. Nós nos preocupamos em afirmar a verdade e agir de maneira justa, não apenas em manter o poder; muitas vezes agimos com respeito pelos outros, por interesses que não são materiais; e nosso comportamento raramente é guiado pelo impulso de reproduzir o maior número possível de cópias de nós mesmos (ou de nossas imagens).

Há, no entanto, uma exceção importante: Donald Trump. Ao contrário do que acontece com a maioria de nós, ele demonstra constantemente uma combinação de motivos que nos parecem ser as verdadeiras forças que impulsionam o comportamento humano. Ele não parece entender nenhuma outra. Apesar de reconhecer que as outras pessoas, também conhecidas como perdedoras, têm regras, ele não tem noção de como elas funcionam, o que leva as pessoas a ignorarem o seu próprio interesse para honrá-las. (Nisso o mundo teve sorte. A incompreensão de Trump do fato de que as pessoas às vezes sacrificam suas vidas despertou a fúria dos militares, que, de outra forma, poderiam ter apoiado um golpe em 6 de janeiro de 2021. A inabilidade de Trump para apreender o *ethos* em que a vida deles está ancorada garantiu que não

2. Justiça e poder

o apoiassem totalmente.)[55] Ao atuar no cenário internacional como os genes implacáveis de Richard Dawkins, ele atraiu milhões de seguidores, que dizem admirar sua autenticidade. Com desculpas a Abraham Lincoln, ele funciona como uma licença para agir de acordo com os piores demônios de nossa natureza. O fascínio funesto que exerce sobre aqueles que o detestam é consequência de sua singularidade: é sempre surpreendente constatar um ser humano que se comporta de forma tão distinta do resto de nós. Ao se dar ao trabalho de ser hipócrita, George W. Bush fez um elogio à virtude. Não é de admirar que até mesmo aqueles que queriam que ele fosse preso por crimes de guerra sintam uma nostalgia ocasional.

Será que esse exemplo pode funcionar como uma *reductio ad absurdum* do paradigma do poder interessado em si mesmo? Um mundo em que esse modelo fosse realmente universal seria um mundo em que todos se comportassem como Donald Trump.

---

55 Ver a entrevista da CNN de 3 de outubro de 2023 com John Kelly, ex-chefe de gabinete de Trump na Casa Branca.

A esquerda não é woke

3. Progresso e desgraça

Não é por acaso que a maior parte daqueles que há uma geração chamavam a si mesmos de esquerdistas se denominam agora progressistas. O medo é um fator. Num mundo onde os resíduos da Guerra Fria ainda não foram examinados, e muito menos descartados, «esquerdista» soa demasiado próximo de «socialista», e «socialista» demasiado próximo do socialismo de Estado da Europa do Leste para ser reconfortante. Apesar do receio, a mudança para a palavra «progressista» faz mais sentido do que dar ao seu ponto de vista político o nome dos lugares acidentais do Parlamento francês de 1789. Não há diferença mais profunda entre esquerda e direita do que a ideia de que o progresso é possível. Não era uma ideia que se encontrasse no pensamento conservador tradicional, que via a história, na melhor das hipóteses, como estática ou circular e, na pior, como um triste e lento declínio de uma mítica idade de ouro. Nessa perspectiva, o que pode ser alcançado são melhorias limitadas, mas um mundo verdadeiramente melhor só pode ser encontrado na vida após a morte.

O que está em causa não é o progresso tecnológico, ou aquilo a que Arendt chamou «o processo implacável de ser mais e mais, maior e maior».[1] Estar à esquerda é apoiar a ideia de que as pessoas podem trabalhar em conjunto para melhorar significativamente as condições reais de sua vida e da dos outros. É uma ideia frequentemente caricaturada, como aquela de que o progresso é inevitável. Muitas passagens de Hegel fazem essa

---

1   Hannah Arendt, *Sobre a violência*. Trad. André Duarte. Rio de Janeiro: Civilização Brasileira, 2022.

afirmação, e a história não a confirmou exatamente. Mas negar que o progresso está assegurado não é negar que é possível, se a possibilidade depende das ações livres dos seres humanos que trabalham em conjunto. Se o progresso, nesse sentido, é possível, também o é o retrocesso, e a história tem visto ambos. Abandone a perspectiva de progresso c a política se torna apenas uma luta pelo poder.

Então como é que Michel Foucault se tornou o padrinho da esquerda *woke*? Seu estilo era certamente radical, mas sua mensagem era tão reacionária como tudo o que Edmund Burke ou Joseph de Maistre já escreveram. De fato, a visão de Foucault era mais sombria do que a deles. Os primeiros pensadores conservadores estavam satisfeitos em alertar que o caos se instalaria se os revolucionários ousassem contestar as tradições que conduzem as sociedades. Nesse caso, Schmitt foi exemplar e explícito: desde que o Estado perdeu o Senhor e o soberano no século XVII, a história entrou em declínio permanente. Os avisos de Foucault são mais insidiosos. Por acaso vocês pensam que avançamos em direção a práticas mais gentis, mais libertadoras, mais respeitadoras da dignidade humana: todos objetivos da esquerda? Deem uma olhada na história de uma ou duas instituições. O que parecia ser passos em direção ao progresso acaba por ser formas mais sinistras de repressão. Todas elas são maneiras de o Estado ampliar seu domínio sobre nossa vida. Depois de vermos como cada passo em frente se torna um passo mais sutil e poderoso em direção à sujeição total, é provável que cheguemos à conclusão de que o progresso é ilusório. Até que ponto Foucault acreditava nisso é uma questão em aberto, mas é certamente a visão que a maioria extraiu do seu trabalho.

A esquerda não é woke

Se quisermos acabar com as esperanças de progresso, é um golpe de gênio atacar uma das primeiras e mais bem-sucedidas exigências do Iluminismo: a abolição da tortura. Tal como a maioria das demandas progressistas, nunca foi totalmente concretizada. George W. Bush trouxe a tortura de volta a Guantánamo, e ela é usada mais ou menos abertamente em grande parte do mundo hoje em dia. Se o progresso por meio dos esforços conjuntos de pessoas engajadas é possível, também o é o retrocesso. No entanto, práticas habituais como o esquartejamento, o banco de tortura e os autos de fé foram banidas por serem consideradas bárbaras. Para compreender o quanto essa proibição foi revolucionária, é preciso saber que, embora Voltaire e Diderot estivessem indignados com muitas características do seu sistema judicial, demoraram a se enfurecer com a prática da tortura. Era uma caraterística tão comum do crime e da punição que eles precisaram ser lentamente convencidos. Um mundo em que reformadores radicais como Diderot e Voltaire não tinham certeza se era legítimo partir um homem num banco de tortura em praça pública não é o mundo em que vivemos. Nos Estados Unidos, as execuções raramente são contestadas pelas razões que justificam a contestação da pena de morte, mas sim com base no fato de o método de execução por injeção prevalecente poder causar demasiada dor.

Clifford Geertz considerou *Vigiar e punir* a obra mais vigorosa de Foucault; é certamente a mais ensinada aos alunos de graduação. Começa com uma descrição horrível da morte lenta por tortura de Robert Damiens, executado em 1757 por tentar matar o rei Luís xv. O relato prolonga-se por páginas, e permanece na memória quando se esquece a argumentação complicada que se segue. Como escreveu Améry, Foucault não argumenta, hipnotiza. E, como notavam os antigos escritores gregos, é fácil sentirmo-nos hipnotizados por espetáculos de violência que também nos repelem. Argumentando ou não, quando acabamos de ler *Vigiar e punir*, podemos facilmente ficar convencidos de que as formas modernas de encarceramento são piores do que um sistema em que seis cavalos e uma espada de carrasco desmembram publicamente um corpo humano vivo.

Piores? Se fosse assim tão simples. Foucault não foi o primeiro a falsificar a distinção entre afirmações normativas e descritivas, mas ajudou a torná-la uma prática comum entre as legiões de teóricos que se autointitulam críticos. Em uma presciente resenha sobre Judith Butler, Martha Nussbaum escreveu:

> Está claro que Butler, como Foucault, se opõe firmemente a noções normativas como dignidade humana, ou a tratar a humanidade como um fim, com a alegação de que são inerentemente ditatoriais... Essa lacuna pode parecer libertadora porque o leitor a preenche implicitamente com uma teoria normativa da igualdade ou dignidade humanas. Mas não nos enganemos: para Butler, assim como para Foucault, subversão é subversão e, em princípio, pode ir em qualquer direção.[2]

Num dos seus últimos ensaios, «O que são as Luzes?», Foucault descreve a exigência de fazer juízos normativos como «a 'chantagem' em relação à *Aufklärung* [Iluminismo]», a ideia

---

2 Martha Nussbaum, «Professor of Parody», *The New Republic*, 22 fev. 1999. Disponível em: <https://newrepublic.com/article/150687/professor-parody>. Acesso em: 13 dez. 2023.

[...] de que é preciso ser «a favor» ou «contra» a *Aufklärung*. Isso quer dizer precisamente que é necessário recusar tudo o que poderia se apresentar sob a forma de uma alternativa simplista e autoritária: ou vocês aceitam a *Aufklärung*, e permanecem na tradição de seu racionalismo (o que é considerado por alguns como positivo e, por outros, ao contrário, como uma censura); ou vocês criticam a *Aufklärung*, e tentam escapar desses princípios de racionalidade (o que pode ser ainda uma vez tomado como positivo ou como negativo). E não escaparemos dessa chantagem introduzindo nuanças «dialéticas» buscando determinar o que poderia haver de bom ou de mau na *Aufklärung*.[3]

Então, o que é que devemos fazer exatamente? As aspas desdenhosas em torno das palavras «a favor» e «contra» sugerem que deveríamos ter vergonha de levantar uma questão tão vulgar. Você pode procurar um argumento; o que vai encontrar é desprezo. Foucault nos faz sentir que julgar algo como melhor ou pior é intelectualmente grosseiro. Só as mentes simples fazem perguntas banais; os pensadores sofisticados desistiram delas há muito tempo. Por isso, Foucault nunca afirma, de fato, que trazer de volta a traição e o esquartejamento seria *melhor*, embora diga que o objetivo da reforma prisional do século XVIII não era punir menos, mas punir melhor. «O castigo passou de uma arte das sensações insuportáveis a uma economia dos direitos suspensos.»[4] Que conclusão o leitor deve tirar?

Também não aponta nenhuma proposta que

---

3 Michel Foucault, «O que são as Luzes?». In: Michel Foucault, *Ditos e escritos, v. II: Arqueologia das ciências e história dos sistemas de pensamento*. Org. e sel. textos Manoel B. da Motta; trad. Elisa Monteiro. Rio de Janeiro: Forense Universitária, 2000, p. 345.

4 Id., *Vigiar e punir*, op. cit., p. 14.

3. Progresso e desgraça

possa melhorar de alguma forma a vida dos assassinos ou das pessoas com doenças mentais graves. Quando pressionados por uma solução, os foucaultianos respondem que seu negócio é a arqueologia, uma forma de história, um campo notoriamente avesso a fazer afirmações normativas. No entanto, sua visão da história está cheia de implicações normativas. Ao contrário das histórias dos conservadores, as de Foucault não começam com uma idade de ouro a partir da qual se registra um declínio constante. Há simplesmente formas brutais de subjugação que são substituídas por outras mais refinadas. «A humanidade não progride lentamente, de combate em combate até uma reciprocidade universal, em que as regras substituiriam para sempre a guerra; ela instala cada uma de suas violências em um sistema de regras, e prossegue assim de dominação em dominação.»[5]

Depois de ler até mesmo um pouco disso, é difícil não concluir que qualquer tentativa de melhorar as coisas só as tornará piores. Perguntas de senso comum, como «Robert Damiens teria preferido o encarceramento no pan-óptico de Bentham?», não têm mais espaço no pensamento de Foucault do que as questões normativas. Jean Améry, cuja tortura nas mãos da Gestapo foi consideravelmente menos horrível do que a de Damiens, sabia o que teria escolhido.

Ao resenhar *Vigiar e punir*, ele escreveu:

> Somente um tolo negaria que as melhorias nas prisões dos séculos XVIII e XIX também foram uma expressão da luta capitalista burguesa pelo lucro, como se as potências não considerassem também que um

---

5 Id., «Nietzsche, a genealogia e a história», op. cit.

prisioneiro tratado humanamente na metade do caminho tem melhor potencial de trabalho do que um que está morrendo de fome. Mas é uma aberração descrever as coisas como se essa humanização fosse *apenas* o resultado do lucro e da produção.[6]

Améry reflete o tipo de sabedoria cotidiana que esperamos nos adultos. Quer você esteja pensando em razões ou causas, a maioria dos eventos tem mais de uma. Isso é particularmente verdadeiro em casos de progresso. Considere outro: a segregação americana foi proibida na década de 1960 porque muitos americanos, inclusive membros do governo Kennedy, ficaram moralmente indignados com a visão de policiais brancos atacando crianças negras com cães e armas de fogo. Ao iniciar as reformas que mais tarde foram consolidadas pelo governo Johnson, os Kennedy também sabiam que a União Soviética estava assistindo à mesma televisão e usando-a para atacar as alegações americanas de servirem como um farol de liberdade. Sem o estímulo proporcionado pela Guerra Fria, a segregação provavelmente teria durado ainda mais. Saber disso pode atenuar nossa admiração pela indignação moral dos irmãos Kennedy, mas não deve miná-la totalmente. Há evidências históricas suficientes para mostrar que ela era real. E, mesmo que não fosse, qual é a importância do que os levou a agir? Um mundo em que todos os cidadãos têm direitos iguais de comer, se locomover, estudar e votar onde quiserem é melhor do que um mundo em que não têm, e nenhum sofisma dialético convencerá um sulista negro que viveu a segregação a negar isso. Você está furioso com o

---

6   Jean Améry, *Werke 6: Aufsätze zur Philosophie*. Stuttgart: Klett-Cotta, 2012, p. 214.

3. Progresso e desgraça

fato de que esses direitos hoje em dia são, muitas vezes, meramente formais, frustrados por bloqueios de estradas erguidos para impedir que os cidadãos de cor os realizem? Eu também. Mas um mundo em que existem direitos formais à igualdade de tratamento é melhor do que um mundo em que temos de começar a legislar esses direitos do zero.

Foucault não se importa com questões de intenção: se o próprio sujeito está prestes a desaparecer, não há necessidade de se preocupar com agência. Ele também não se preocupa com as causas. Será que aqueles que, como Voltaire, lutaram para abolir a tortura realmente se preocupam com o sofrimento humano e a dignidade humana e simplesmente não perceberam que estavam embarcando em um empreendimento que os prejudicaria? Ou será que a mudança da tortura para o encarceramento foi uma tentativa mais consciente de estabelecer um controle mais duradouro? Foucault deixa as duas possibilidades em aberto porque acha que isso não importa. Quer tenham sido ingênuos ou cínicos, todos os reformadores acabaram contribuindo para sistemas de poder menos brutais, mas mais eficazes. A prisão, para Foucault, é apenas a ponta do iceberg: «a prisão se pare[ce] com as fábricas, com as escolas, com os quartéis, com os hospitais, e todos se pare[cem] com as prisões».[7] Todas elas são formas pelas quais, por meio de estruturas que geralmente permanecem invisíveis, internalizamos mecanismos de dominação e controle mais sutis e sinistros do que qualquer coisa que o mundo anterior ao Iluminismo tinha a oferecer.

Aqueles que estão inclinados a dar a Foucault o benefício da dúvida

---

7 Foucault, *Vigiar e punir*, op. cit., p. 187.

argumentarão que seu trabalho expõe os métodos de poder a fim de preparar o terreno para mudá-los. Desde as reformas do Iluminismo, o poder se tornou mais sutil e anônimo e, portanto, mais difícil de ser reconhecido. É fácil se rebelar contra tiranos observáveis, mas é muito mais difícil negar as vastas estruturas anônimas das quais participamos. Como mostra a história da censura, esse argumento tem mérito: quando as informações são claramente censuradas, as pessoas ousadas se esforçam ao máximo para obtê-las. Quando as pessoas acreditam que vivem em sociedades que lhes dão acesso total às informações, é mais provável que se afoguem sonolentamente em seus excessos.

Essa leitura generosa de Foucault o aproximaria de Rousseau, que também criticou os primeiros relatos de progresso do Iluminismo. O provinciano autodidata surgiu no cenário parisiense em 1750 com um ensaio premiado, *Discurso sobre as ciências e as artes*, que atacava as visões liberais comuns da época. Contra aqueles que supunham que as artes e as ciências pavimentavam um caminho suave para o progresso, Rousseau argumentou que, muitas vezes, elas simplesmente alimentavam a vaidade dos autores enquanto disfarçavam estruturas opressivas de poder. As artes e as ciências, escreveu ele, «estendem guirlandas de flores sobre as correntes de ferro que lhes são impostas».[8] É uma crítica poderosa que Foucault poderia ter acolhido. Ao contrário de Foucault, no entanto, Rousseau passou o resto de sua vida tentando responder aos problemas que levantou naquele primeiro ensaio: *como quebrar essas correntes?* Sabendo do grau de dificuldade do problema,

---

8   Jean-Jacques Rousseau, *Discurso sobre as ciências e as artes*. Trad. Maria das Graças de Souza. São Paulo/Brasília: Ubu/UnB, 2020.

3. Progresso e desgraça

Rousseau tentou várias soluções. Em *Do contrato social,* ele propôs a lei para «os homens tais como são e as leis tais como podem ser»;[9] em *Emílio,* ele propôs a educação para um homem como ele deveria ser sob as leis como elas são. Em nenhum lugar explicou como unir as duas coisas para criar cidadãos livres em um mundo sem dominação. Mas esta talvez seja a pergunta mais difícil de responder, seja na política ou na teoria: *como quebrar as correntes sem causar mais danos do que as próprias correntes?* Pelo menos Rousseau tentou.

Isso dá à desconstrução de Rousseau dos relatos comuns de progresso um tom totalmente diferente daquele de Foucault, que preferia perguntas (retóricas?) a afirmações, e ficava mais feliz em sugerir do que em fazer uma afirmação. Seus livros são mais propensos a criar no leitor um estado de espírito do que uma posição. Para citar Améry mais uma vez: «É muito difícil falar de senso comum com homens como Michel Foucault. Sempre se leva a pior — até porque suas visões estruturais são esteticamente mais atraentes do que as do racionalismo crítico. Mas negar completamente o progresso e dar de ombros para todas as reformas é equivocado e — peso minhas palavras —, no fim das contas, reacionário».[10]

Mas Foucault não estava interessado em nada tão comum quanto o senso comum. Ele foi um dos pensadores para os quais Améry recomendou uma cura para a banalidade. (O outro foi Adorno.) No entanto, o núcleo reacionário que Améry reconheceu em seu pensamento se concretizou após a morte do próprio Améry,

---

9   Id., *Do contrato social ou princípios do direito político.* Trad. Ciro L. Borges Jr. e Thiago Vargas. São Paulo/Brasília: Ubu/UnB, 2020.

10 Jean Améry, «Michel Foucault's Vision des Kerker-Universums». In: Améry, *Werke 6,* op. cit.

quando Foucault examinou o neoliberalismo que sustentaria a ordem global vigente. Diferentemente do liberalismo político, o neoliberalismo é o liberalismo sem humanismo: «Ele oferecia um terreno atraente no qual sua aspiração prática pela liberdade poderia se fundir com sua convicção teórica de que o poder é constitutivo de todas as relações humanas».[11]

O filósofo Alexander Nehamas escreveu: «Ele sempre foi capaz — na verdade, desejoso — de ver o lado sombrio de cada passo em direção à luz, de entender o preço pelo qual cada avanço tinha de ser comprado».[12] Luz e sombra caminham juntas; uma torna a outra perceptível. Esse é um tropo muito antigo e, embora não forneça uma teodiceia, funciona como uma forma de arte. Se o que está em questão é o que é mais atraente esteticamente, seria possível dizer que Foucault foi atraído pela escuridão e deixar por isso mesmo. Mas aqui a estética tem consequências. Em uma mesa-redonda com Foucault, vários historiadores eminentes apontaram que *Vigiar e punir* paralisa aqueles que querem trabalhar por reformas: «Quando se trabalha com educadores nas prisões, nota-se que a chegada de seu livro teve um efeito absolutamente esterilizador, ou melhor, anestesiante sobre eles, no sentido de que sua lógica tinha uma implacabilidade da qual eles não conseguiam escapar».[13]

Só podemos ter pena do pobre reformador que deseja melhorar a vida dos encarcerados. Qualquer número de melhorias faria isso: mais espaço, comida decente, oportunidades

---

11 Michael C. Behrent, *Liberalism without Humanism*. Cambridge: Cambridge University Press, 2009.

12 Alexander Nehamas, «Subject and Abject», *The New Republic*, 15 fev. 1993.

13 Apud Raymond Tallis, *Enemies of Hope: A Critique of Contemporary Pessimism*. Nova York: St. Martin's Press, 1999, p. 67.

3. Progresso e desgraça

educacionais, acesso a livros e computadores, melhor contato com o mundo fora da prisão, sem mencionar o fim da corrupção que coloca os prisioneiros à mercê da vontade arbitrária dos guardas. Para qualquer pessoa na prisão, qualquer uma dessas coisas poderia mudar sua vida, mas Foucault explicitamente desprezou avanços simples, como banheiros com descarga ou horários de visita mais longos que os prisioneiros franceses exigiam.[14] Assim, é difícil imaginar um administrador de prisão se esforçando para melhorar essas condições depois de ler Foucault. Será que ele não acabou de aprender que as melhorias feitas em nome dos direitos humanos só levam a formas mais sinistras de sujeição? Se o livro tem outra mensagem, somente os iniciados podem entendê-la.

A influente *Dialética do esclarecimento* de Adorno e Horkheimer deixa-nos com uma visão igualmente sombria do progresso. O mundo moderno, que eles remontam a Homero, busca libertar as pessoas das correntes da tradição, mas logo nos leva a nos amarrar, como Ulisses no mastro. Discuti longamente esse argumento em outro lugar[15] e o menciono aqui apenas para reconhecer que os defensores da *Dialética do esclarecimento* fazem afirmações semelhantes às daqueles que desejam defender *Vigiar e punir*.[16] Ambos, argumentam eles, não são ataques em massa ao Iluminismo. Assim como Foucault, Adorno e Horkheimer desejavam revelar seus efeitos não intencionais;

---

14 Michel Foucault, «Para além do bem e do mal». In Michel Foucault, *Ditos e escritos, v. x: Filosofia, diagnóstico do presente e verdade*. Org. e sel. textos Manoel B. da Motta; trad. Abner Chiquieri. Rio de Janeiro: Forense Universitária, 2014.

15 Neiman, *Moral Clarity*, op. cit.; Id., *Heroism for a Time of Victims*, série de palestras proferidas em maio de 2022.

16 Ver também Malik, *Not So Black and White*. Londres: Hurst and Company, 2023, pp. 236-8.

depois que eles fossem descobertos, o terreno poderia ser aberto para um novo Iluminismo, sem defeitos. Há passagens nos dois livros que apontam nessa direção, mas não fazem nenhum esforço para construir um caminho a seguir. Seria tolice exigir que a filosofia forneça respostas a todas as perguntas que faz. Mas, se ela não fornecer uma amostra do que Kant chamou de orientação no pensamento, de que adianta?

Embora a crítica de Rousseau à ideia ingênua de progresso seja bem conhecida, é comum achar que outros pensadores do Iluminismo eram despreocupadamente otimistas em relação ao futuro. (De fato, a crítica de Rousseau ao otimismo é uma das razões pelas quais muitos estudiosos não o associam ao Iluminismo — em contraste com o mais famoso admirador de Rousseau, Immanuel Kant.) Não é preciso ler as reflexões um tanto sombrias de Kant sobre o assunto para se convencer de que o Iluminismo não foi tão ensolarado como geralmente se supõe. *Cândido*, o curto romance escrito pelo arquirrival de Rousseau, Voltaire, servirá ainda melhor. O subtítulo do romance é «Sobre o otimismo», e seu objetivo é mostrar que o otimismo é ridículo. Esse ponto de vista é defendido pelo insensato dr. Pangloss, que ensinou a seu aluno Cândido que tudo é para o melhor no melhor dos mundos possíveis. Cândido se apega a essa visão enquanto viaja por uma categoria de horrores de meados do século XVIII, todos eles realmente ocorridos: a brutal e insensata Guerra dos Sete Anos, o terremoto de Lisboa e o auto de fé que se seguiu, os múltiplos estupros de mulheres, a execução de oficiais que perderam batalhas. Uma viagem ao Novo Mundo não traz nenhum alívio do Velho, pois expõe os males da escravidão e do colonialismo. A educação é uma farsa,

3. Progresso e desgraça   141

e nenhum dos outros motores do progresso funciona: a riqueza e a alta cultura acabam em tédio e tristeza. Essa é a mensagem de *Cândido* e, se o herói ingênuo aprendeu alguma coisa até o final da história, foi a renunciar ao seu otimismo inicial.

A crença de que o Iluminismo considerava o *progresso* inevitável tem quase a mesma base que a crença de que o Iluminismo era fundamentalmente eurocêntrico, a saber: nenhuma. Mais exatamente, com poucas exceções, as visões de progresso dos pensadores do Iluminismo eram justamente o oposto das visões atribuídas a eles hoje em dia. Eles proclamam repetidamente que o progresso é (por pouco) *possível*; seu engajamento apaixonado nos males de sua época exclui qualquer crença de que o progresso é garantido. Mesmo assim, eles nunca pararam de trabalhar para isso.

O que explica a persistência da caricatura? Espantalhos são fáceis de derrotar, e aqueles que tentam nos convencer de que o progresso é impossível frequentemente argumentam como se a única alternativa fosse a visão de que o progresso é inexorável. Se a única escolha for entre o niilismo e o absurdo, a maioria de nós rejeitará o absurdo. Mas acredito que as caricaturas têm fundamentos mais profundos. Apesar de toda a atenção que Voltaire dedicava à selvageria que o mundo pode oferecer, ele não acreditava que a natureza humana fosse fundamentalmente corrupta. «O homem não é maldoso; torna-se mau, tal como se torna doente», escreveu em seu *Dicionário filosófico*.[17] Aqueles que dizem que estamos inerentemente doentes são médicos doentes que escondem

---

17 Voltaire, «Maldoso». In: Voltaire, *Dicionário filosófico*. Trad. Bruno da Ponte e João Lopes Alves. São Paulo: Abril Cultural, 1973, p. 250 (Col. Os pensadores, v. XXIII).

o fato de que eles mesmos não podem curar nada. Os médicos doentes de Voltaire são padres, já que seu objetivo não era defender uma visão utópica de que somos todos naturalmente bons, mas atacar uma visão cristã de que somos todos naturalmente maus. Sem entender o contexto religioso das visões iluministas da natureza humana, não podemos entendê-las de forma alguma. Eles viviam em um mundo cujas instituições eram baseadas na doutrina do pecado original. As visões da Igreja sobre o pecado variavam em gravidade. Para os calvinistas, nosso pecado é tão grande e o poder de Deus é tão vasto que Ele pode condenar qualquer um de nós eternamente antes que tenhamos feito qualquer coisa que sugira que merecemos isso. Os católicos podiam ser salvos por meio de rituais de penitência, muitas vezes acompanhados de subornos àqueles que concediam a absolvição. Mas, quer a redenção fosse possível ou não, ela só poderia vir nos braços da Igreja, pois a mudança só poderia vir pelas mãos de Deus. Os efeitos dessa visão de mundo não podem ser subestimados. Não era preciso esperar pelos portões do inferno para ter certeza disto: «Abandonar toda esperança» descrevia grande parte da vida na Terra.

O progresso moral só é possível se a natureza humana for melhor do que a Igreja ensinava. Ao insistir que não era, e que as condições sociais eram fatos da natureza, a Igreja e o Estado enviaram a mensagem de que o progresso é impossível. Essa é uma boa maneira de desencorajar as pessoas a tentarem progredir. Portanto, foi crucial que o Iluminismo atacasse as visões cristãs do pecado original. Eles não fizeram isso de forma ingênua. Voltaire, como vimos, certa vez brincou dizendo que essa era a única doutrina

3. Progresso e desgraça

teológica apoiada por evidências. Rousseau enfureceu seus contemporâneos ao afirmar que eles eram muito piores do que imaginavam.

Mas suas esperanças na possibilidade de progresso se baseavam em uma percepção fundamental: «*Ignoramos* o que nossa natureza nos permite ser».[18] Para dizer que o ponto em que estamos é melhor do que o ponto em que estávamos, precisamos ser capazes de determinar o último. Seria fácil dizer (ou negar) que os seres humanos podem progredir moralmente se pudéssemos rastrear a natureza humana de volta a um estado original que nos permitisse medir se estamos declinando ou melhorando. É por isso que tantos filósofos, antropólogos e biólogos têm especulado com tanta frequência sobre o estado de natureza. Rousseau reconheceu desde cedo o que os críticos recentes da psicologia evolutiva argumentam: não temos acesso aos primeiros momentos da humanidade. A arqueologia e a paleontologia nos dão pistas que Rousseau nunca teve, mas nunca serão suficientes para descartar sua percepção mais profunda: em questões relativas à natureza da natureza humana, somos irremediavelmente participantes. Todos os dados são filtrados por nossas próprias esperanças e medos. A visão de Rousseau sobre o estado de natureza faz com que a guerra pareça perversa; a de Hobbes a faz parecer normal. Se quiser estabelecer uma ditadura, sua melhor chance é convencer seus companheiros de que a humanidade é naturalmente brutal e precisa de um líder forte para impedi-la de se despedaçar. Se quiser estabelecer uma democracia social, você ampliará todos os exemplos de cooperação

---

18 Jean-Jacques Rousseau, *Emílio ou Da educação*. Trad. Roberto Leal Ferreira. São Paulo: Martins Fontes, 1995, p. 45.

natural que puder encontrar. Mesmo quando viajava para a Amazônia na esperança de encontrar tribos que se assemelhassem aos habitantes do estado de natureza de Rousseau, Claude Lévi-Strauss, o antropólogo mais sofisticado que tentou testar as teses do filósofo, percebia que os métodos empíricos não as comprovariam.

Isso não significa dizer ou sugerir que a natureza humana é totalmente construída; significa duvidar que algum método possa alguma vez determinar quais partes são construídas e quais não são. Em sua prosa tipicamente descarada, Rousseau declarou: «Comecemos, pois, por descartar todos os fatos, pois eles não tocam a questão».[19] Como os fatos não são acessíveis, ele propôs uma honestidade radical. Em vez de inventar histórias criadas para servir a uma determinada visão de mundo como sendo a verdade sobre a natureza humana, por que não colocar as cartas na mesa? Não a certeza, mas a plausibilidade deve ser o teste para aceitar uma história, se ela apoia uma visão que você já tem outros motivos para defender. Nunca poderemos saber como era realmente o estado de natureza, e devemos parar de tentar. Em vez disso, a ideia do estado de natureza é uma ferramenta que pode ser usada para pensar sobre as maneiras mais proveitosas de seguir em frente.

Conforme Kant ampliou o argumento, não podemos agir moralmente sem esperança.[20] Para ser claro: esperança não é otimismo. O otimismo (e o pessimismo) faz previsões sobre um futuro distante e um passado inacessível. A esperança não faz previsão alguma. O otimismo é uma recusa em encarar os fatos. A esperança visa mudá-los.

---

19 Id., *A origem da desigualdade entre os homens*, op. cit.
20 Immanuel Kant, *A religião nos limites da simples razão*. Trad. Ciro Mioranza. São Paulo: Lafonte, 2017.

Quando o mundo está realmente em perigo, o otimismo é obsceno. No entanto, uma coisa é previsível com absoluta certeza: se sucumbirmos à sedução do pessimismo, o mundo como o conhecemos estará perdido. Em uma época em que as ameaças a esse mundo parecem esmagadoras, o pessimismo é sedutor, pois nos garante que não há nada a ser feito. Quando sabemos que é inútil, todos podemos parar de lutar. Para consolo, ou pelo menos distração, sempre há o autocuidado, o consumo ou substâncias que alteram a mente.

O fato de você ver o proverbial copo meio cheio ou meio vazio é mais do que uma questão de temperamento. Se você não conseguir enxergá-lo como meio cheio, acabará parando de tentar enchê-lo. Talvez haja uma rachadura no fundo, fazendo com que todos os seus esforços sejam em vão. Seguindo Rousseau, Kant e Noam Chomsky, sugeri que a esperança não é um ponto de vista epistemológico, mas moral. Muitos filósofos adotaram o ponto de vista oposto. Os estoicos nos aconselharam a limitar a esperança e o desejo se quisermos o verdadeiro contentamento. Em um tom mais dramático, Nietzsche escreveu que a esperança era o pior de todos os males da caixa de Pandora, pois ela garante que seremos eternamente atormentados. Se tudo o que você busca é sua própria paz de espírito, eles provavelmente estão certos. E, se esse for o caso, nenhum filósofo poderá convencê-lo do contrário. Para se preocupar com o destino do mundo, você deve amar pelo menos uma parte dele. Uma pessoa, talvez até mesmo uma paisagem, pode ser suficiente.

Progressista seria o nome certo para aqueles que hoje se inclinam para a esquerda, se não adotassem filosofias que minam a esperança de progresso. O homem que considerava o pecado original a base de qualquer teoria política sólida pode ter visto a salvação na Igreja — pelo menos para seus amigos. As categorias de história política de Schmitt não são apenas infantis, como observou Adorno. Ver a política pelas lentes da distinção amigo/inimigo nos leva de volta à pré-história. Para Foucault, toda tentativa de progresso nos envolve em uma teia que o subverte. E, ao nos convencer de que todas as nossas ações refletem as tentativas de nossos ancestrais primitivos de se reproduzirem, a psicologia evolucionista insinua que nunca sairemos realmente da Idade da Pedra. A maioria dos que hoje consideram a psicologia evolucionista como algo natural não sabe nada sobre as controvérsias políticas que a cercaram: eles nem sequer eram nascidos quando Wilson, Gould, Lewontin e outros estavam discutindo em Harvard Yard e nas páginas da *New York Review of Books*. Mas, apesar de todas as críticas, a psicologia evolucionista entrou em metástase e passou a ser tratada como ciência canônica, independentemente das tendências políticas.

Pode-se argumentar que a teoria é secundária: é claro que os ativistas *woke* buscam solidariedade, justiça e progresso. Suas lutas contra a discriminação são animadas por essas ideias. Mas eles não conseguem ver que as teorias que adotam subvertem seus próprios objetivos. Sem universalismo, não há argumento contra o racismo, apenas um grupo de tribos disputando o poder. E, se é a isso que a história política chega, não há como manter uma ideia sólida de justiça. Mas, sem compromissos com o aumento da justiça universal, não podemos nos esforçar coerentemente pelo progresso.

3. Progresso e desgraça

A maioria dos ativistas *woke* rejeita o universalismo e defende os discursos de poder, mas é improvável que neguem que buscam o progresso. Porém muitos foram educados em tradições que ensinavam que «o progresso social em si, produto do pensamento iluminista, é, em última análise, destruidor de almas».[21] Seria mais fácil acreditar no compromisso dos ativistas *woke* com o progresso se estivessem dispostos a reconhecer que algumas formas de progresso foram de fato alcançadas no passado. Mostrar como cada passo anterior para a frente levou a dois passos para trás pode ser intelectualmente deslumbrante. Há muitos casos de injustiça a serem desmascarados; várias vidas não bastariam para isso. Mas, sem a esperança de colocar algo mais em seu lugar, esse desmascaramento se torna um exercício vazio de demonstração de conhecimento. Você não será enganado novamente.

Passei algum tempo desmascarando as leituras contemporâneas padrão dos filósofos do Iluminismo na esperança de convencer os progressistas de hoje a reconsiderá-las, pois elas fornecem concepções de progresso, justiça e solidariedade muito mais fortes do que as que atualmente dominam. Se continuarmos a interpretar mal o Iluminismo, dificilmente poderemos apelar para seus recursos. A derrubada de falsos clichês abre caminho para rever as ideias do Iluminismo e, com algumas revisões, colocá-las em prática.

No entanto, uma jovem jornalista que teve a gentileza de ler este livro no manuscrito levantou uma questão que pode ocorrer a outros. Você me convenceu, escreveu ela, a dar uma chance ao Iluminismo, e é interessante saber que

---

21 McNall, «The Good, the Bad and the Ugly: A Retrospective on Telos», *Fast Capitalism*, v. 5, n. 1, 2009.

Diderot escreveu textos que soam como Fanon. Mas, se Fanon é Diderot sem a bagagem, por que não podemos simplesmente ler Fanon? Há muitas respostas para a pergunta, a primeira é que Fanon, que morreu aos 36 anos, não teve tempo de expandir a obra que criou. Essa obra é tão importante quanto limitada em seu escopo. Ler os pensadores do Iluminismo é uma maneira de ampliar os pensamentos de Fanon e de outros para questões de princípios básicos. Fanon era um universalista que buscava a justiça e acreditava na possibilidade de progresso, todas condições necessárias para pertencer à esquerda. Mas é importante não apenas aplicar esses princípios, mas mostrar como eles estão relacionados e fundamentados, e defendê-los contra outros que parecem ter os mesmos objetivos em mente.

Uma resposta mais geral à pergunta foi dada por C. S. Lewis, que insistiu que deveríamos sempre ler, no mínimo, um livro antigo para cada três novos. Eis seu argumento:

> Nada me chama mais atenção quando leio as controvérsias de épocas passadas do que o fato de que ambos os lados geralmente assumiam, sem questionar, muitas coisas que agora deveríamos negar absolutamente [...] O único paliativo é manter a brisa limpa do mar dos séculos soprando em nossa mente, e isso só pode ser feito lendo livros antigos. É claro que o passado não tem nada de mágico. As pessoas não eram mais inteligentes do que são agora, elas cometiam tantos erros quanto nós. Mas não os mesmos erros. Duas cabeças são melhores do que uma, não porque uma delas seja infalível, mas porque é improvável que elas errem na mesma direção. Com certeza, os livros do futuro seriam um

3. Progresso e desgraça

corretivo igualmente bom, mas infelizmente não podemos acessá-los.[22]

O conceito de progresso é tingido de normatividade, uma das razões pelas quais aqueles que não se sentem à vontade com a normatividade desconfiam do progresso em primeiro lugar. Nesse ponto, a concepção pragmática de progresso de Philip Kitcher é útil. É uma questão de mudança de direção: em vez de pensar no progresso como direcionado a um objetivo específico, pode ser útil pensar no progresso de uma situação problemática para outra menos restrita. O progresso em direção ao universalismo é tão vago quanto assustador. O progresso em relação a todas as condições que impedem esse objetivo, passando da escravidão para a segregação e para o racismo sistêmico, por exemplo, é mais promissor.[23]

Mas isso, afinal de contas, é conversa de filósofo. Há uma razão perfeitamente simples para questionar a possibilidade de progresso suficiente para salvar o mundo como o conhecemos. Enquanto estou sentada a uma mesa com uma bela vista, sei que o planeta está alternadamente inundando e queimando. Qualquer pessoa com um mínimo de interesse nas notícias pode ver o desastre se desenrolando, e aqueles que poderiam evitá-lo ficam de braços cruzados. A violência política está aumentando, e nenhum dos mecanismos tradicionais que antes a restringiam parece funcionar. As mentiras que estavam por trás das instituições em que confiávamos agora estão expostas. Novas pragas surgem antes que

---

22 C. S. Lewis, «Introduction». In: Atanásio, *On the Incarnation*. Kentucky: GLH, 2018.

23 Philip Kitcher, *Moral Progress*. Oxford: Oxford University Press, 2021.

as antigas desapareçam. Os quatro cavaleiros do apocalipse assombram até mesmo os pesadelos dos ateus. Quem poderia ter esperança de progresso em um momento como esse?

Já argumentei que a esperança de progresso nunca é uma questão de evidência. Nada seria mais fácil do que me juntar ao coro dos pessimistas se eu achasse que a questão pudesse ser resolvida empiricamente. Não é possível. Mas, às vezes, as evidências ajudam a sustentar nossa esperança nos momentos em que ela ameaça vacilar. Como Kant reconheceu, por mais sólido que seja nosso compromisso de trabalhar para o progresso, às vezes precisamos de um sinal. O dele foi decididamente mínimo: ele mencionou as reações esperançosas às notícias da Revolução Francesa. Independentemente do que depois a Revolução se tornou, o fato de ter despertado a esperança em observadores desinteressados no mundo inteiro foi suficiente para fazê-lo ir em frente. Professores alemães são reticentes à afirmação, já que ele poderia ter mencionado um sinal mais próximo de casa: o próprio fato de o filho de um seleiro ter se tornado professor universitário na Alemanha mostrava que as barreiras de classe estavam caindo. Felizmente, não precisamos ter tão minimalistas ou tão reservados quanto Immanuel Kant.

Voltemos à abolição da tortura pública. Para proibi-la, foi necessário não apenas mudar a opinião, mas mudar as sensibilidades. Talvez você se arrepie ao ler a descrição de Foucault da morte de Damiens (embora essa provavelmente seja a passagem que permanecerá na memória por muito tempo após a leitura). Se você fosse pai ou mãe em 1757, não hesitaria em levar seus filhos para assisti-la, assim como não hesitaria em

3. Progresso e desgraça

levá-los ao circo hoje. Se você fosse rico, teria pagado por bons assentos. As versões de tortura como entretenimento têm uma longa história; o Coliseu romano foi construído para exibi-las. É um sinal de progresso profundo e visceral o fato de estremecermos com a ideia de oferecer tortura ao vivo para crianças como um deleite.

O fato de algumas formas de tortura persistirem em locais como as prisões, onde são em grande parte escondidas, é um escândalo que deve ser abordado, junto com o escândalo de tantas pessoas inocentes, tanto nos EUA quanto na China, estarem presas. Mas esses escândalos nem sequer poderiam ser abordados se ainda estivéssemos em um mundo em que esquerdistas como Diderot e Voltaire estivessem em dúvida se a tortura deveria ou não ser abolida. (Por favor, não sugira que isso significa que eles não eram realmente de esquerda. As pessoas não podem se situar politicamente sem referência ao seu lugar no tempo.) Quanto à acusação de Foucault de que o objetivo das reformas penais não era punir menos, mas punir melhor: há realmente alguma dúvida sobre qual forma de punição Damiens teria escolhido?

O fato de o racismo persistir no século XXI é uma desgraça que poucos que testemunharam o Movimento dos Direitos Civis há meio século teriam imaginado. O que também não imaginávamos: uma família negra enfeitando a Casa Branca por oito anos de nossa vida. Ainda não havia um membro negro no gabinete. Aqueles que pensavam que o racismo recuasse com a eleição de Barack Obama subestimaram a profundidade do racismo. Bernard Lafayette, um colega do dr. King durante o Movimento dos Direitos Civis, chamou a presidência de Obama de a segunda Reconstrução, por isso não

A esquerda não é woke

ficou surpreso quando ela foi seguida por uma segunda reação na pessoa de Donald Trump.[24] O progresso cria resistência na forma de reação adversa. Por mais devastadora, e muitas vezes mortal, que tenha sido a reação à Reconstrução, o Movimento dos Direitos Civis que acabou por derrubá-la não precisou começar pela abolição da escravidão. Por mais terríveis que fossem os linchamentos e o aluguel de condenados, não havia perspectiva de acabar com nenhum deles enquanto homens e mulheres pudessem ser comprados e vendidos em leilões. E, embora muitas formas de racismo ainda tenham de ser desmanteladas hoje, não precisamos começar acabando com as leis que impediam que negros e brancos comessem nos mesmos balcões de almoço. As verdades banais podem ser tão importantes quanto as complexas.

Durante minha infância, crianças brancas e negras eram não só proibidas de frequentar as mesmas escolas, como também não podiam nadar nos mesmos lagos. Quando eu era um pouco mais velha, pendurei uma foto de Sidney Poitier em meu quarto. Na época, eu fazia parte de um grupo de teatro; a foto, no entanto, era menos uma declaração sobre minhas aspirações profissionais do que sobre meus sentimentos políticos, radicais naquela época (1968) e lugar (Atlanta, Geórgia). Muitos anos depois, entrei no quarto do meu filho e tive uma pequena epifania sobre o progresso: todos os pôsteres que ele colou nas paredes mostravam fotos de homens negros, mas ele não estava fazendo nenhuma declaração. Ele apenas gostava de basquete.

O que quero destacar não é apenas o fato do progresso, mas do progresso visceral. O progresso no

---

24 Susan Neiman, *Learning from the Germans: Race and the Memory of Evil*. Nova York: Farrar, Straus and Giroux, 2019.

3. Progresso e desgraça

enfraquecimento do racismo envolveu mudanças que podem ter começado com um insight intelectual, consolidado pela lei, mas que permeiam a percepção emocional: como os corpos brancos e negros interagem uns com os outros, desde as piscinas até os ídolos da infância e os casamentos inter-raciais que eram ilegais em muitas partes dos Estados Unidos na época em que os pais de Obama se casaram. Uma geração criada com *Um maluco no pedaço* não se lembra de um mundo em que «Leave it to Beaver»[25] era o principal modelo de uma família americana. O superestrelato de Beyoncé eclipsou a sensação de triunfo quando as Supremes se tornaram um sucesso nacional; a Motown era considerada «música de raça» para ser tocada em estações de negros. Busque seus próprios exemplos culturais. Aqui não abordarei a disparidade entre o poder cultural e o político; a vida de Will Smith ou Beyoncé não se compara à vida dos adolescentes negros no sul de Los Angeles. Mas sugerir que o racismo praticamente não mudou em um século desonra a memória daqueles que lutaram para mudá-lo.

Enquanto a direita reage ao poder da cultura negra, uma reação semelhante às conquistas das mulheres também está em andamento. Recentes restrições americanas ao aborto são apenas os exemplos mais evidentes. Se eu, de alguma forma, não tivesse percebido a persistência do patriarcado, minhas filhas me lembrariam regularmente. Mas as muitas maneiras pelas quais o sexismo persiste — e em algumas partes do mundo elas são letais — não diminuem as maneiras pelas quais a vida das mulheres foi transformada de uma geração a outra. Você não precisa olhar para o Afeganistão para se

---

25 Série de TV americana, no ar de 1957 a 1963.

A esquerda não é woke

lembrar da diferença. Quase todos os filmes de grande sucesso feitos há algumas décadas contêm cenas sexistas suficientes para fazer você se constranger. O assédio sexual já foi tão generalizado que não tínhamos um nome para ele. As mulheres da minha geração o viam como a previsão do tempo: esperávamos supervisores que não nos sexualizassem, assim como esperávamos dias ensolarados, mas nos conformávamos com as tempestades que não podíamos evitar. O assédio sexual não desapareceu, é claro, e a presença contínua do sexismo no local de trabalho está bem documentada. Eu o encontro em formas mais suaves nos domínios refinados da ciência e da cultura quase todo dia. Ainda assim, o comportamento que antes não chamava atenção é cada vez mais condenado e, muitas vezes, passível de ação.

As mulheres sempre trabalharam, mais provavelmente em posições de baixa remuneração do que em profissões de destaque. Mas o número de mulheres em cargos de autoridade é incomparavelmente maior do que há uma geração, e, embora a diferença salarial ainda exista, ela diminuiu drasticamente. Apenas uma geração se passou desde que as mulheres que combinavam carreiras sérias com famílias eram uma raridade, e os homens que as apoiavam eram ridicularizados como fracos. Essas mudanças, como as outras, não foram apenas mudanças de mentalidade. Elas atingem nossas esferas privadas mais profundas, alterando nossas suposições mais íntimas sobre as formas como homens e mulheres estruturam suas relações. O que mudou em todos esses casos não foi uma parte específica do conhecimento, mas estruturas inteiras que foram incorporadas em nossa vida. Essas estruturas são profundas demais para serem superadas em uma geração, mas é

3. Progresso e desgraça

difícil ir além no desafio dessas estruturas sem saber o quanto já avançamos.

Eis outro tipo de progresso que foi amplamente esquecido. Durante a guerra dos Estados Unidos contra o Vietnã, era de conhecimento geral que a maneira mais fácil de evitar a convocação era fingir ser gay. Isso não era segredo, pois somente após a presidência de Obama gays e lésbicas puderam servir abertamente nas forças armadas. Conheci homens contra a guerra que se mudaram para o Canadá, cumpriram pena de prisão ou até mesmo foram para o Vietnã. Nenhum deles estava disposto a fingir ser gay durante os poucos minutos necessários para enfrentar um conselho de recrutamento. Bastava entrar com a caricatura de um gesto, declarar que não via a hora de servir ao lado daqueles cadetes bonitos, e você recebia uma suspensão vitalícia. Embora tenham sido feitas piadas sobre isso em muitas noites cheias de fumaça, ninguém queria enfrentar o inevitável boato de que a pose gay não era apenas fingimento. Atualmente, os casamentos entre pessoas do mesmo sexo são celebrados em países conservadores como Espanha, Irlanda e EUA. Será que os vestígios de homofobia continuam? Como poderiam não continuar? Eles existem há séculos. Mas há uma grande distância entre as reivindicações em Stonewall e uma cultura em que ninguém arregala os olhos ao ouvir a expressão «o marido dele». Assim como outras formas de diversidade, a aceitação de relacionamentos entre pessoas do mesmo sexo tem um lado mais sombrio, permitindo que as empresas anunciem locais de trabalho amigáveis aos LGBTS como uma forma de relações públicas, ao mesmo tempo que promovem as políticas neoliberais que impulsionam a desigualdade econômica. No entanto, a igualdade de direitos para comunidades gays é um grande avanço, impensável há uma geração.

Um último exemplo de progresso é ainda mais recente — tão novo, na verdade, que está tropeçando como uma criança. Considere o cálculo histórico. Escrever histórias nacionais e, mais ainda, ensiná-las sempre foi fundamental para a construção da identidade nacional. A receita costumava ser simples: escolha as partes do passado das quais você se orgulha, junte-as em uma narrativa de progresso e veja tudo o que não pertence a ela como um desvio infeliz, mas menor. Os alunos terminam a escola com a sensação de pertencer ao excepcional projeto americano, ou à gloriosa nação britânica, ou à grande república da França, ou à eterna pátria russa. Onde a história deixou feridas que não podem ser ignoradas, a narrativa heroica é trocada por uma narrativa de vitimização. (Poloneses e israelenses são ótimos em combiná-las.) As narrativas nacionais oscilam: a maioria dos países busca momentos heroicos para engrandecer, embora alguns se debrucem sobre suas perdas. Até o final do século XX, a única coisa que nenhuma narrativa nacional enfatizava era o histórico de crimes de uma nação. Quem poderia criar uma identidade com base nisso?

Os alemães. A partir de várias décadas após a Segunda Guerra Mundial, ativistas, intelectuais, artistas e grupos religiosos da Alemanha Ocidental começaram a exigir que a Alemanha reconhecesse seu papel de perpetradora dos crimes nazistas. Fora da Alemanha, a exigência pode parecer tão supérflua quanto a insistência em reconhecer que a água é molhada, mas, nas primeiras décadas após a guerra, a maioria na Alemanha Ocidental parecia devota da Confederate Lost Cause.

3. Progresso e desgraça

Poucos estrangeiros sabem com que carinho eles alimentavam uma ladainha de queixas e sofrimento. Carl Schmitt foi um dos poucos que disseram isso abertamente, mas ele falava por grande parte da República Federal: a Alemanha foi a maior vítima da guerra. Foram necessários quarenta anos para que um presidente da Alemanha Ocidental declarasse que, embora os alemães tivessem sofrido durante e após a guerra, outros povos haviam sofrido mais, e o sofrimento deles era culpa da Alemanha. (A autoimagem da Alemanha Oriental era muito diferente.)[26] Nas décadas seguintes, a ideia de que os crimes nazistas são fundamentais para a identidade alemã se consolidou. Alguns alemães até se referem ao seu país como «a nação perpetradora».

Nenhum outro país jamais mudou sua autoimagem de herói para vítima, e em seguida para perpetrador. Alguns dirão que nenhum outro país precisou fazer isso: os crimes da Alemanha nazista foram piores do que qualquer outro na história da humanidade. Não existe uma escala que nos permita pesar e comparar os males. Mas até mesmo aqueles que argumentam que o Holocausto é o único em atrocidade admitem agora que a pilhagem e o assassinato da escravidão e do colonialismo também foram males.

Em 2019, publiquei *Learning from the Germans: Race and the Memory of Evil* [Aprendendo com os alemães: raça e a memória do mal]. Nele, argumentei que outras nações poderiam aprender com os esforços alemães para enfrentar a história que nenhum nativo quer ver. Nada sobre o reconhecimento histórico alemão era exemplar, exceto o fato de que nenhum outro país o havia feito: ele era incompleto

---

26 Neiman, *Learning from the Germans*, op. cit., cap. 2.

e imperfeito, e somente o tempo dirá se os erros cometidos ao longo do caminho poderão ser corrigidos. Apesar disso, apontou em direção à verdade. Também mostrou que contar a verdade sobre a história suja de uma nação não precisa levar à desintegração nacional.

Quando esse livro foi publicado, o monumento a Robert E. Lee ainda estava de pé em Charlottesville, e a bandeira confederada estava estampada na bandeira do estado do Mississippi. Em dois programas diferentes da televisão britânica, os entrevistadores perguntaram o que diabos isso tinha a ver com a Grã-Bretanha: afinal, «os alemães queriam dominar o mundo». Eu só tive tempo de lembrá-los, antes que o próximo convidado entrasse no estúdio, de que o sol dos exércitos nunca se punha sobre o império britânico. Leitores desconsolados que aprovaram a mensagem perguntaram se os Estados Unidos ou a Grã-Bretanha tinham as condições para o reconhecimento histórico que estavam presentes na Alemanha, uma nação ocupada por exércitos que a derrotaram. A última vez que qualquer parte dos EUA foi ocupada foi quando as tropas federais encerraram a Reconstrução ao deixar o Sul em 1877; a última vez que a Inglaterra foi ocupada foi em 1066.

Essa objeção supõe que o cálculo histórico alemão foi forçado, ou pelo menos facilitado, pelos exércitos ocupantes. Não foi. Os alemães viam os programas de desnazificação dos Aliados com humor desdenhoso, parte de um pacote do que eles chamavam de justiça dos vencedores. Observadores políticos não menos experientes do que Albert Einstein e Hannah Arendt não tinham esperança de que a Alemanha algum dia reconhecesse sua culpa. Sabendo como era difícil obter esse reconhecimento, eu esperava que os Estados Unidos,

3. Progresso e desgraça

talvez até mesmo a Grã-Bretanha, estivessem dispostos a enfrentar as partes de seu passado que prefeririam esquecer. No fim das contas, eu não esperava a onda de reconhecimento que o Black Lives Matter iniciou após o assassinato de George Floyd em 2020.

Recebi com satisfação essa onda, que começou como um sinal de progresso. A repressão ao trauma nacional é como a repressão a qualquer outro trauma: ela permite que feridas profundas apodreçam até infectar o resto do corpo, ou o corpo político, contaminando o presente com passados não examinados. O fato de os Estados Unidos estarem enfrentando a escravidão e de a Grã-Bretanha estar fazendo o mesmo com o colonialismo é um passo à frente em direção a nações mais saudáveis. Uma reação feroz a essas tentativas não deve nos surpreender. Cinquenta anos após a Segunda Guerra Mundial, os esforços alemães para reconhecer os crimes da Wehrmacht foram recebidos com resistência violenta, incluindo demonstrações em massa e bombas incendiárias.[27]

Assim como outras formas de progresso, o reconhecimento histórico não ocorre em linhas retas. Além da reação da direita, nos últimos anos houve alguns ajustes de contas que não deram certo.[28] Neil MacGregor, ex-diretor do Museu Britânico, afirmou que «os britânicos usam sua história para se confortar. [...] Os alemães usam sua história para pensar no futuro».[29] É uma bela forma de elogio, mas, à medida que o reconhecimento alemão se torna ossificado, é cada

---

27 Ver Hamburger Institut für Sozialforschung (hg), *Eine Ausstellung und Ihre Folgen*. Hamburgo: Hamburger Edition, 1999.

28 Ver Susan Neiman, «Historical Reckoning Gone Haywire», *The New York Review of Books*, 19 out. 2023.

29 Apud Ben Knight; Mark Brown, «Appointment of Neil MacGregor as head of Humboldt Forum silences critics», *The Guardian*, 10 abr. 2015.

A esquerda não é woke

vez menos verdadeiro. Um excesso de foco no passado pode dificultar a visão do presente, e muito mais ainda do futuro. No caso da Alemanha, a fixação em uma parte do passado, o antissemitismo alemão, tornou-se tão zelosa que bloqueia a visão do presente. Em particular, ele desvia a atenção do racismo contra outras minorias, especialmente os muçulmanos, embora parte desse racismo tenha sido letal.

Há sinais de que o foco americano em seus crimes históricos está se movendo em direções semelhantes. Ao nos concentrarmos demais em um tipo de crime, corremos o risco de perder outros de vista. Os Estados Unidos estão no meio de um acerto de contas racial, mas tem havido pouco em termos de um acerto de contas político mais amplo. Um artista negro que conheci em uma mesa de debates disse que nunca lhe ocorreu que as pessoas pudessem ser perseguidas por sua política. Muitos dos que conseguem enumerar locais de crimes raciais outrora esquecidos não têm ideia de quão profundamente a maioria das narrativas históricas americanas suprimiu a memória do terror político que, de 1946 a 1959 e depois, destruiu um movimento socialista vibrante e inter-racial em nome do anticomunismo.[30]

W. E. B. Dubois é lembrado como o grande intelectual negro que foi; mas, como no caso de seu amigo Albert Einstein, o grande intelectual socialista foi silenciosamente colocado em quarentena. Aqueles que internalizaram a visão de que o comunismo e o fascismo são idênticos não suportam a ideia de manchar seus heróis. No entanto, não podemos entender o lugar dos Estados Unidos ou da Grã-Bretanha no mundo, ou suas possibilidades para o futuro, até

---

30 Para uma crítica recente, ver Reed, *Toward Freedom*, op. cit.

3. Progresso e desgraça

161

que examinemos não apenas nossas histórias raciais, mas também políticas. Até meados do século XX, os EUA também tinham uma tradição socialista vital e popular, que foi destruída pelo anticomunismo virulento que começou antes da era McCarthy — como aconteceu em muitos outros países. Dizer que até agora não começamos a compreender como esse anticomunismo ainda afeta nosso julgamento não é, obviamente, defender o comunismo. Trata-se da exigência de explorar os pressupostos fundamentais que determinam o que recusamos e o que seriamente consideramos para o futuro.

Além de alertar para o fato de que o acerto de contas racial não é tudo o que existe no acerto de contas histórico, o que me preocupa são as formas pelas quais a história passou a ser tratada apenas como a história de crimes e infortúnios. A crescente disciplina acadêmica chamada «Memory Studies» [Estudos da memória] é quase inteiramente dedicada às más lembranças. Enquanto antes deixávamos de honrar as vítimas da história, agora corremos o risco de esquecer seus heróis. No entanto, as nações precisam de heróis. Essa é a única verdade embutida na reação feroz que levou os conselhos escolares americanos a afirmar que a unidade nacional estará ameaçada se os alunos lerem Martin Luther King ou Toni Morrison.

Agora todo americano deve sentir orgulho de pertencer a uma nação que deu origem a King e Morrison, então eles certamente fazem parte de qualquer panteão de heróis. O importante é o ponto geral: nenhuma nação pode prosperar com uma dieta de lembranças ruins. A maioria das nações nasce no sangue e faz o que pode para encobrir seus rastros. É difícil encontrar uma que nunca tenha se tornado violenta e amarga na busca por

A esquerda não é woke

tesouros e glória. No entanto, em todas as nações, pessoas corajosas se levantaram contra a injustiça, muitas vezes a um custo alto. Os EUA só são excepcionais porque nasceram com sangue e paradoxo. Ao contrário das nações fundadas quando uma tribo parou de vagar e decidiu se estabelecer em algum pedaço de terra, os EUA ganharam vida em uma fanfarra de ideais que traíram no momento de sua fundação. Mas, se a história americana está enraizada na conquista e na escravidão, ela também está enraizada na resistência à conquista e à escravidão. Essa resistência nunca deve ser esquecida. Os heróis nos lembram que os ideais que prezamos foram de fato vividos por seres humanos corajosos. Ao nos mostrar a justiça encarnada, eles nos mostram que os ideais de justiça não são expressões vazias, e nos inspiram a agir de acordo com eles. Pois as guerras históricas não estão relacionadas a patrimônio, mas a valores. Não são discussões sobre *quem fomos*, mas sobre *quem queremos ser*. Os debates atuais sobre monumentos concentram a atenção na questão de qual estátua deve cair, mas precisamos pensar na questão de quem deve substituí-la.

Esses debates devem continuar com nuances e cuidado. Saudei o desaparecimento dos monumentos a generais confederados e aos genéricos Johnny Rebs que adornam as praças centrais das cidades do Sul. Estremeci quando alguns pediram o fim dos monumentos a Abraham Lincoln. Ao contrário dos que estavam pedindo, Lincoln deu sua *vida* para defender os direitos civis dos afro-americanos. (Como a maioria dos sulistas, John Wilkes Booth odiava Lincoln, mas foi o apoio de Lincoln ao direito de voto dos negros que levou a seu assassinato.) Lincoln era antirracista

3. Progresso e desgraça

163

em nosso sentido? Como ele poderia ter sido? Como todos nós, levou tempo para que ele se libertasse do preconceito em que nasceu. Se desconfiássemos menos do progresso, poderíamos comemorar o fato de termos avançado mais do que Lincoln, ao mesmo tempo que seríamos gratos por ele ter começado assim.

Durante a pesquisa de *Learning from the Germans* passei a maior parte de 2017 no Deep South [Sul profundo] estudando as primeiras tentativas de reconhecimento racial americano. Tive o privilégio de entrevistar Bryan Stevenson, que na época estava no processo de conclusão do Memorial Nacional pela Paz e Justiça no Alabama, informalmente conhecido como Lynching Memorial. Um de seus pensamentos foi o que mais me impressionou:

> Havia sulistas brancos que argumentavam, na década de 1850, que a escravidão era errada. Havia sulistas brancos na década de 1920 que tentaram impedir os linchamentos, e vocês não sabem seus nomes. O fato de não sabermos seus nomes diz tudo o que precisamos saber. Se esses nomes fossem conhecidos e comemorados, o país poderia passar da vergonha ao orgulho. Podemos de fato reivindicar uma herança enraizada na coragem e no desafio de fazer o que é fácil e preferir o que é certo. Podemos fazer disso a norma que queremos celebrar como nossa história, herança e cultura sulistas.[31]

Os heróis fecham a lacuna entre o que deveria ser e o que é. Eles mostram que não é apenas possível fazer o que é certo. Mostram que não é apenas possível usar nossa liberdade para combater a injustiça, mas que algumas pessoas de fato o fizeram.

---

31 Bryan Stevenson, entrevista em Neiman, *Learning from the Germans*, op. cit., cap. 8.

A esquerda não é woke

Além de celebrar esses heróis, devemos ter cuidado com as alegações de que o racismo faz parte do DNA dos americanos. Certamente é uma parte maior da história americana do que muitos reconheceriam, mas a metáfora biológica tem consequências. Algo que faz parte do seu DNA é algo com o qual você nasceu, como a cor dos seus olhos ou o tamanho do seu nariz. Como você poderia deixar de ser racista se isso está em seu DNA? A metáfora lembra o livro *Os carrascos voluntários e Hitler*, um best-seller de Daniel Goldhagen que tentou explicar o Holocausto afirmando que a cultura alemã sempre foi antissemita. Na década de 1990, o livro fez muito sucesso na Alemanha, principalmente porque serviu como uma forma de absolvição. Se os alemães sempre foram antissemitas, como algum alemão poderia ser responsabilizado por isso? Os racistas não nascem, eles são alimentados, como argumentaram pensadores como Barbara e Karen Fields e Touré Reed. Quando liberais bem-intencionados afirmam que o racismo não é um fato historicamente contingente, mas uma falha inata, eles podem transferir a culpa para os indivíduos — geralmente brancos pobres e «deploráveis» — em vez de para os sistemas políticos.[32]

Não é preciso estudar debates filosóficos sobre as relações entre teoria e prática para saber pelo menos o seguinte: o que você acha que é possível determina o quadro de referência no qual você age. Se você acha que é impossível distinguir verdade de narrativa, não se dará ao trabalho de tentar. Se você acha que é impossível agir de acordo com qualquer coisa que não seja o interesse próprio, seja ele genético, individual ou tribal, não terá escrúpulos em fazer o mesmo.

---

32 Reed, *Toward Freedom*, op. cit.

3. Progresso e desgraça

Há muitas coisas para as quais a filosofia é boa; uma delas é descobrir as suposições por trás dos pontos de vista mais valorizados e expandir seu senso de possibilidade. «Seja realista» parece senso comum, mas por trás disso há uma metafísica subjacente a muitas posições políticas, todo um conjunto de suposições sobre o que é real e o que não é, o que é factível e o que é imaginável. Você pode traduzir o conselho para ser realista de forma bem simples: reduza suas expectativas. Quando você segue esse conselho, que suposições está fazendo sobre a realidade?

Para milhões de pessoas, a realidade mudou no momento em que a escravidão foi abolida, as mulheres puderam votar e os casais homossexuais receberam os direitos de outros cidadãos. Se quiser ter um vislumbre da realidade em lugares onde essas mudanças ainda estão por vir, dê uma olhada na escravidão na Mauritânia ou na Índia, nos direitos das mulheres na Arábia Saudita ou no Afeganistão, na criminalização das relações entre pessoas do mesmo sexo no Irã ou em Uganda. As ideias subverteram a realidade de pessoas de cor, mulheres e membros de comunidades LGBTQ que tiveram a sorte de viver em países onde outras ideias ressoam.

Argumentei que as ideias que criaram essas novas realidades nasceram no Iluminismo. O mundo muda sempre que certas ideias são estabelecidas como normas. Negar a realidade do progresso é negar a realidade — tão tolo quando pensamos em progresso como quando pensamos nas formas pelas quais regredimos. Para quem suspeita que estou cega para essa última: escrevi mais de um livro sobre os males. Há dias em que luto contra o desespero.

A esquerda não é woke

Talvez o problema com o reconhecimento do progresso esteja no próprio conceito de progresso. Por definição, o progresso não é o que temos agora. Não é algo que já foi alcançado, mas algo que deve ser alcançado no futuro — de preferência amanhã de manhã. É difícil reconhecer como progresso as conquistas da geração anterior, justamente porque a geração anterior se esforçou para fazer com que essas conquistas parecessem tão normais quanto sempre deveriam ter sido. Uma geração que cresceu sem segregação racial dificilmente estará inclinada a considerar sua ausência uma conquista. É mais provável que se surpreenda com o fato de ela ter existido. E este era o objetivo daqueles que lutaram para derrubá-la: que seus filhos achassem a ideia de segregação tão bárbara e absurda que se perguntariam como alguém a aceitou. Aboli-la agora parece tão trivial quanto desenhar e cortar. Não podemos nos concentrar nos problemas de hoje?

Para a próxima geração, o progresso deve significar ir além para extinguir formas mais sutis de injustiça. É assim que o progresso funciona, e a raiva pela velocidade lenta do progresso é provavelmente necessária para nos manter lutando por ele. Olhar ocasionalmente para os ombros sobre os quais nos apoiamos é uma forma de reunir forças, pois, se não reconhecermos que houve um progresso real no passado, nunca manteremos a esperança de realizar mais no futuro. Mas, sabendo o quanto ainda estamos longe de uma sociedade justa, o progresso alcançado no passado nunca será suficiente para nos sustentar. No entanto, há muitas pessoas lutando por justiça hoje que recebem muito menos atenção do que os últimos demagogos autoritários. Lembrar-se das mulheres no Irã, dos trabalhadores sem-terra no Brasil, dos ativistas pela democracia no Congo ou em Mianmar, todos lutando contra condições que poucos de nós podem imaginar, é uma fonte de perseverança. «Eles não perdem a esperança», diz Noam Chomsky, «portanto, nós certamente não podemos perder.»[33]

Em uma passagem perspicaz, Mary Midgley escreveu: «Mudanças morais são, talvez acima de tudo, mudanças no tipo de coisa de que as pessoas se envergonham».[34] Ela estava escrevendo sobre mudanças morais para melhor, também conhecidas como progresso. Os exemplos mais simples são fáceis de encontrar: independentemente do que digam em particular, poucos estão dispostos a fazer em público as piadas racistas e sexistas que arrancavam risadas até recentemente. A internet pode servir como uma fossa somente porque permite ataques anônimos. A vergonha tem sua utilidade: se você tiver vergonha de dizer pessoalmente o que disse por trás do seu nome no Twitter, tanto melhor para a hipocrisia.

Mas, se a vergonha pode evitar nossos piores impulsos, o constrangimento pode sufocar os melhores. Há mais de uma razão para que, diante de duas explicações improváveis sobre o comportamento e as possibilidades humanas, os pensadores contemporâneos estejam inclinados a supor que «somos maus», como Steven Pinker disse alegremente. Pesquisei vários pontos de vista que contribuem para o entusiasmo contemporâneo pelas doutrinas do pecado

---

33 David Barsamian, «The Class War Never Ends, the Master Never Relents': An Interview With Noam Chomsky», *The Nation*, 11 out. 2022. Disponível em: <https://www.the-nation.com/article/society/noam-chomsky-interview-class-war/>. Acesso em: 15 dez. 2023.

34 Midgley, *Evolution as a Religion*, op. cit., p. 170.

original, mas quero encerrar com um ponto que tem recebido pouca atenção. Suspeito que nosso medo de enfatizar as boas notícias tem origem em um medo primitivo: o de sermos ridicularizados como ingênuos. O economista Robert Frank descreveu essa tendência nas ciências comportamentais: «O pesquisador de olhos foscos não teme humilhação maior do que ter chamado alguma ação de altruísta, apenas para que um colega mais sofisticado demonstre mais tarde que ela foi em benefício próprio. Esse medo certamente ajuda a explicar o volume extraordinário de tinta que os cientistas comportamentais gastam tentando descobrir motivos egoístas para atos aparentemente abnegados».[35]

Mas o medo do constrangimento deveria por si só ser constrangedor, o tipo de coisa que assombra sua adolescência mas deve ser deixado para trás. Com que frequência nos comportamos como os súditos do imperador, covardes demais para apontar seu corpo nu?

---

35 Robert Frank, *Passions with Reason*. Nova York: Norton, 1988.

3. Progresso e desgraça

4. O que resta?[1]

«*Woke*» pode ser uma palavra que remonta aos anos 1930, mas num século em que tantos esqueceram Lead Belly, e até mesmo os Scottsboro Boys, como isso passou a dominar a discussão internacional? O termo não teve nenhum papel, por exemplo, nas campanhas eleitorais dos Estados Unidos de 2016. É possível começar com uma explicação geral das razões pelas quais desde então ele explodiu: o universalismo depende de uma abstração, a capacidade de ver os modos como a humanidade, coletivamente, está entrelaçada em todas as diferenças históricas e culturais que também nos definem. Em contrapartida, tribalismo parece mais fácil. Sempre foi assim. Mas duas datas históricas recentes ajudam a explicar por que *woke* explodiu no século XXI.

Quando o socialismo de Estado colapsou, em 1991, muitos caminhos ainda estavam abertos. Com o fim da Guerra Fria, falou-se de não alinhamento e de um dividendo de paz que fundaria os direitos sociais tão desesperadamente necessários tanto no mundo desenvolvido quanto no mundo em desenvolvimento. O magnífico livro de Penny von Eschen, *Paradoxes of Nostalgia: Cold War Triumphalism and Global Disorder since 1989*, detalha como no início dos anos 1990 a política, as finanças e a cultura popular se combinaram para nos convencer de que não havia alternativa ao neoliberalismo corporativo que envolvia o mundo.[2]

Nunca conheci um stalinista, mas conheci

---

1 O título original do capítulo é «What is Left?» A tradução pode tanto ser «O que resta?» quanto «O que é esquerda?». [N.E.]

2 Penny von Eschen, *Paradoxes of Nostalgia: Cold War Triumphalism and Global Disorder since 1989*. Durham: Duke University Press, 2022.

vários socialistas que passaram décadas debatendo qual versão de socialismo poderia ser a resposta ao stalinismo. A de Trótski? A de Mao? Ou deveríamos ler Gramsci? Depois de 1991, muitos deles declararam que sempre souberam disto: socialismo não funciona e em geral leva direto para o gulag. O ano parecia marcar o fim de qualquer grande projeto que lutasse por justiça social; em vez de solidariedade universal havia globalismo corporativo. Caso seja necessário dizer: tenho plena consciência de que o socialismo real existente não produziu justiça social e com frequência utilizou sua retórica para justificar crimes. Ainda assim, há uma diferença entre uma visão de mundo que imagina que podemos nos unir em torno das aspirações humanas comuns a liberdade e justiça, e uma visão de mundo que supõe que não temos anseios comuns, mas um desejo pelo iPhone mais recente.

Os gulags de Stálin solaparam as ideias socialistas do mesmo modo que as Cruzadas ou a Inquisição solaparam as ideias cristãs. Mas, depois de tudo que foi dito e argumentado, o que se perdeu no fim do milênio foi menos um princípio em particular do que a própria ideia de agir de acordo com princípios — pelo menos em larga escala. Aqueles que ainda queriam agir no mundo, além de consumir pedaços dele, estabeleceram objetivos menores. Não há nada errado, e há muita coisa certa, em trabalhar contra o racismo, o sexismo e a homofobia, e o que restou da esquerda fez exatamente isso. Depois do choque de 1991, era necessária uma pausa para reflexão. Mas, em escala internacional, não houve uma reflexão real sobre o que causou esse choque. E a Al-Qaeda preencheu a lacuna, provocando uma guerra ao terror que permitiu aos EUA encontrar um novo inimigo para substituir o antigo, comprovando a visão de Carl Schmitt de que é *possível* enxergar a essência da política como uma luta permanente entre amigo e inimigo.

Possível, mas não necessário. Você certamente se lembra de onde estava no Onze de Setembro; é menos provável que se recorde de onde estava em 4 de novembro de 2008. É doloroso demais lembrar a simples alegria sombria que varreu o mundo quando Barack Hussein Obama foi eleito presidente, então a maioria não o faz. É mais fácil dizer que você sempre soube que ele era apenas um instrumento neoliberal que enviaria drones para matar estrangeiros quando surgisse a oportunidade. Lembrar das esperanças perdidas dói mais do que dizer que você nunca as teve.

Porém por algumas semanas a maioria do mundo acreditou que o arco da história estava de fato inclinando para a justiça. Não o tempo todo, claro, mas se movendo na direção certa. Passei a tarde no Grant Park, em meio a moradores negros de Chicago, muitos em lágrimas, mas a esperança não foi sentida apenas nos Estados Unidos. Na Alemanha, o semanário que passou o ano fazendo referências cansativas às pretensões supostamente messiânicas do candidato subitamente proclamou a vitória de Obama como nada menos do que uma segunda revolução americana. De Kuala Lumpur à Cidade do Cabo, os líderes alegremente exigiram que os Estados Unidos reassumissem seu título de líder do mundo livre. Um jornal popular de Israel publicou uma manchete de duas palavras: *Ha Tikvah*, chocante para aqueles que sabiam que essas palavras, que significam *A Esperança*, são título do assombroso hino nacional de Israel que serve como hino secular. Ninguém se surpreendeu quando o Quênia declarou o dia seguinte

4. O que resta?

à eleição um feriado nacional. Mas quem poderia prever que uma tribo beduína na Galileia se apressaria a declará-lo membro do seu grupo? Ou que um grupo irlandês escreveria uma música com o refrão «O'Leary, O'Reilly, O'Hare and O'Hara/There's no one as Irish as Barack Obama» [O'Leary, O'Reilly, O'Hare e O'Hara/ Não há ninguém tão irlandês quanto Barack Obama]. (A cidade irlandesa em que o bisavô de sua mãe nasceu é agora considerada monumento nacional.) O jornal israelense *Ha'aretz* concluiu: «O dia de sua eleição causou uma mudança no mundo inteiro e dará àqueles que lá vivem uma razão para olhar o futuro com esperança». A manchete do jornal *The Scotsman* expressa a mesma ideia de modo mais claro: «TUDO É POSSÍVEL».

Aqui não é o lugar para analisar os motivos pelos quais essas esperanças parecem tão exageradas hoje. Recordo-as para tentar entender como o movimento *woke* floresceu depois de 2016, ano de campanha estadunidense em que a palavra *«woke»* nunca apareceu. Aqueles que cresceram durante a era Obama dificilmente poderiam celebrá-la; a família Obama era seu padrão. Dependendo de sua idade, e orientação política, você talvez desejasse que o presidente fizesse mais disso ou menos daquilo, mas ter uma família negra inteligente, de princípios, linda, sim, e *cool* na Casa Branca era algo normal, como deveria ser.

Sua substituição pela família Trump foi um choque para muitas pessoas, mas deve ter sido mais duro para os mais jovens. Aqueles que adquiriram consciência política durante a era Obama ficaram aturdidos de ver o arco da história pender para trás. E, dado que é muito cansativo continuar aturdido e indignado para sempre, o sentimento de que Obamas sempre seriam

A esquerda não é woke

seguidos de Trumps também passou a parecer normal. E foram os filhos desalentados da era Obama que iniciaram o movimento *woke* nos campi estadunidenses. Logo ele se tornou mais que uma divisão geracional, quando editores, professores e empresas se apressaram a acompanhar os jovens para não serem deixados para trás. Europeus que tinham sido rápidos em rejeitá-lo como um problema americano, se lançaram no trem em movimento.

Reflexões históricas nos ajudam a compreender as origens em tempo real, mas este é um livro filosófico. Há muitos textos bons que tentaram entender o mundo contemporâneo analisando a desigualdade econômica, as transições geopolíticas, a mídia e as mídias sociais. Outros criticaram o que viemos a conhecer como métodos *woke*: cultura do cancelamento, insistência na pureza, intolerância à nuance e preferência pelos dualismos. Nenhum ser consciente, nem mesmo um filósofo, negaria a importância desses fatores, mas optei por me concentrar nas ideias. A convocação *woke* para decolonizar o pensamento reflete a crença de que não sobreviveremos às várias crises que criamos a menos que mudemos a maneira como pensamos sobre elas. Concordo que precisamos desesperadamente de mudanças fundamentais no pensamento, mas insisti em outra direção. Pois, como argumentei, os próprios *woke* [ou seja, os que estão despertos] foram colonizados por uma série de ideologias que pertencem propriamente à direita.

Cada um dos três primeiros capítulos dedicou-se a ideias que poderiam unir esquerdistas e liberais, e até o que alguns países chamam de conservadores liberais. Vivemos tempos em que coalizões são defesas

4. O que resta?

absolutamente necessárias contra o protofascismo crescente no mundo inteiro e que ameaça os direitos políticos em toda parte. Quem se preocupa com a preservação desses direitos deve trabalhar junto, independentemente do nome que dê à sua posição política. Este livro oferece ideias filosóficas básicas em torno das quais qualquer democrata sério se uniria: compromissos com a possibilidade de progresso, justiça e universalismo.

Mas este livro também se dirige a quem confunde «esquerda» com «*woke*», uma confusão que desacredita a esquerda de várias maneiras. A confusão foi desastrosa quando muitos criticaram, com razão, a celebração do terrorismo do Hamas como um ato de libertação, mas viram essa celebração como um fracasso da esquerda, ou ocasionalmente da esquerda pós-colonial. Nota ao leitor: «pós-colonial» não é o mesmo que «anticolonial». O primeiro tem hífen, menos sílabas e é um pouco mais curto quando falado ou escrito. Mas você pode facilmente se opor ao colonialismo sem subscrever a teoria pós-colonial, embora os pós-colonialistas com frequência insinuem que quem não está com eles quer voltar aos tempos do Império.[3]

Enquanto os três primeiros capítulos discutiram ideias que poderiam inspirar o amplo consenso, este capítulo se refere ao que separa o liberal da esquerda. Se a esquerda está ou não comprometida com a revolução mundial, é uma questão de método. (Em um mundo agora armado até os dentes, não é um método que muitos escolheriam, embora um crítico tenha me acusado de ser «apenas uma social-democrata» por não recomendar isso.) Não

---

3 Ver Benjamin Zachariah, *The Postcolonial Volk*. Cambridge: Polity, no prelo.

A esquerda não é woke

recomendo, mas aqui, novamente, minhas preocupações são menos estratégias do que pressupostos filosóficos. O pressuposto que distingue esquerda de toda forma de liberalismo é a ideia de que os direitos sociais são — tanto quanto os direitos políticos — direitos humanos.

Esse pressuposto é compartilhado pela maioria dos pensadores *woke* e pós-coloniais, embora eles rejeitem os outros três. Mas, para aqueles que ainda não estão convencidos de que moradia, saúde, educação e lazer são direitos e não privilégios, gostaria de concluir apontando o que perdemos quando os direitos sociais são minados. Milhões de pessoas morrem sem assistência médica, a fome espalha-se pelas ruas e pelas favelas, mentes se esvaem na ausência de educação e cultura. São fatos que conhecemos tão bem quanto escolhemos ignorá-los. Porém mesmo aqueles de nós que gozamos dos privilégios de classe média somos profundamente afetados pela ausência de direitos sociais, muito mais do que imaginamos.

A raiva crescente que observamos em grande parte do mundo *é* parcialmente o resultado de condições muito reais que parecem ter pouco a ver com ideias. Contudo a raiva não é causada apenas pelas condições, mas pelo sentimento de que essas condições não são necessárias. Não é preciso estar bem-informado sobre alternativas para perceber que isso é verdade. *As coisas poderiam ser de outra forma*. Como Hannah Arendt escreveu: «A raiva não é, de modo algum, uma reação automática à miséria e ao sofrimento [...] A raiva aparece apenas quando há razão para supor que as condições poderiam ser mudadas, mas não são. Reagimos com raiva apenas quando nosso senso de justiça é ofendido».[4]

---

4   Arendt, *Sobre a violência*, . Trad. André Duarte. Rio de Janeiro: Civilização Brasileira, 2022.

4. O que resta?

Arendt nega que a raiva contra a injustiça seja em si mesma irracional; para agirmos de forma razoável, precisamos ser provocados. O que nos comove ainda mais do que a injustiça é a hipocrisia: «É a aparência de racionalidade, muito mais do que os interesses por trás dela, que provoca a raiva».[5]

Americanos bem-educados ocasionalmente mencionam com nostalgia a Escandinávia, que eles enxergam como um utópico Estado de bem-estar social — uma descrição que não implica justiça nem direitos. O exemplo reforça a ideia de que apenas pequenos países homogêneos podem proporcionar um sistema de direitos sociais ou administrar os conflitos que ele pode trazer. Até Bernie Sanders menciona mais a Escandinávia do que a Alemanha, uma sociedade cada vez mais diversificada e a quarta maior economia do mundo, que tem um sistema de direitos sociais que ele ainda não vislumbrou. Entretanto Sanders recentemente publicou um livro com um título perspicaz: *It's ok to be Angry About Capitalism* [Tudo bem ficar com raiva do capitalismo], e diz que, a cada ano que passa, ele fica com mais raiva.[6]

A raiva certamente é um fator na combinação de forças que leva ao movimento *woke*. Sem dúvida, a raiva se justifica, e é particularmente aguda nos Estados Unidos, embora aqueles que passam a maior parte da vida nesse país só percebam as explosões: um tiroteio em massa com uma contagem de corpos maior do que o normal, um ataque ao Capitólio. Ajustamos nossa vida a condições que não sabemos como mudar. Para um americano que vive no exterior e retorna para uma visita, o nível de raiva cotidiana é um choque palpável. Começa

---

5 Ibid.

6 Bernie Sanders, *It's ok to be Angry About Capitalism*. Nova York: Crown, 2023.

A esquerda não é woke

no aeroporto, continua na estrada e permeia o supermercado que é duas vezes maior do que qualquer supermercado precisa ser. (Quantas opções de sabão em pó são necessárias para confirmar que você vive em uma terra de possibilidades ilimitadas?) Nosso tempo é consumido por decisões sem sentido que mascaram o que sentimos: as decisões importantes que orientam nossas vidas não estão em nossas mãos. A tendência à raiva que isso produz é mascarada e alimentada pela música que toca em todos os restaurantes para garantir que você tenha de gritar com seu parceiro de jantar para poder conversar.

Grande parte dessa raiva é uma resposta razoável a condições que são profundamente irracionais, embora poucos americanos consigam imaginar outras. Isso porque eles estão perdendo o que outros países ricos chamam de direitos: assistência médica que paga pelos medicamentos necessários, licença médica que cobre a duração de uma doença, férias remuneradas e licença parental, educação superior e creche para as crianças. Os americanos chamam essas coisas de benefícios, concedidos ou negados de acordo com a vontade do empregador — um conceito muito diferente do de direitos. A ausência de direitos sociais afeta as pessoas mais pobres: aquelas que produzem e preparam nossos alimentos, entregam nossas encomendas, cuidam de nossas crianças e idosos. Mas até mesmo dois pais que trabalham em uma família moderadamente abastada verão seus salários serem consumidos pelos custos de educação e saúde, e seu tempo consumido para levar e buscar crianças em lugares em que não há transporte público.

A sensação de precariedade que sentem decorre de mudanças reais na economia global, mas tão importante

4. O que resta?

quanto isso é um sistema econômico cuja necessidade de crescimento incessante dos gastos do consumidor é feita para gerar uma insatisfação sem fim. Você pode ter um bom apartamento, talvez uma casa própria, mas as mansões das celebridades aparecem quando você está navegando nas notícias. Por que você não deveria aspirar a ter uma também? Como qualquer agente de publicidade pode lhe dizer, as empresas dedicam bilhões todos os anos à produção de inveja. (O brilhante documentário de Adam Curtis *O século do ego*, disponível on-line, descreve a perspicácia psicológica envolvida em tais esforços.) Aqueles que resistem à tentação da inveja são forçados a gastar da mesma forma. O computador médio dura quatro anos; os smartphones implodem ainda mais cedo. Isso não é um acidente. Desde 1924, o capitalismo depende da obsolescência programada. Naquela época, uma associação internacional das principais empresas de eletrônicos decidiu reduzir a expectativa de vida das lâmpadas de 2.500 horas para 1.000 horas. A suposição do artesão de que os produtos deveriam durar o máximo possível começou a desmoronar. Hoje, esperamos que quase tudo que usamos se desfaça logo após o término da garantia. Não é de surpreender que até mesmo as pessoas relativamente abastadas sintam pontadas de insegurança econômica. Hoje em dia, você pode ter uma casa quente, comida suficiente, conexão com a internet e até mesmo férias. Você sabe como lidar com o fato de o aquecedor, a geladeira e o computador quebrarem ao mesmo tempo?

E, por mais precários ou confortáveis que vivamos individualmente, poucos podem negar a urgência da crise climática. As reações políticas, ou a falta delas, eram apenas ligeiramente racionais enquanto o

A esquerda não é woke

impacto da inação parecia distante no futuro. À medida que a tundra derrete, que as florestas queimam e que blocos da Groenlândia caem no mar, a inação parece não apenas irracional, mas completamente alucinada. Os super-ricos que controlam as alavancas do poder geralmente têm recursos para enfrentar as piores tempestades. Mas não há terrenos altos suficientes no planeta para proteger todos os homens de Davos e seus netos. Enquanto a elevação dos mares e os incêndios ameaçam destruir o planeta, as empresas continuam lucrando ao nos convencer a comprar bugigangas projetadas para se autodestruir e, assim, causar mais danos à terra, ao mar e ao céu. Em uma época em que algumas crianças de dez anos de idade podem dar uma aula sobre emissões de carbono, o que os mestres do universo não conseguem ver? É tão exasperante observar que nos afastamos sempre que podemos, deixando nós mesmos de contribuir para as soluções.

Não é apenas a ausência de direitos sociais ou de leis sobre armas que faz essa raiva explodir fortemente nos EUA, e cada vez mais em outros lugares. Ela também reflete a disparidade entre as realidades e os mitos do excepcionalismo americano que a maioria dos americanos engole integralmente, sobretudo se nunca viveram em nenhum outro lugar. Qualquer político que esteja concorrendo a um cargo público expressará gratidão por viver no melhor país do mundo. Se isso acontecesse com a mesma frequência em outros países, nós nos preocuparíamos com as tendências fascistas. No entanto, em muitas medidas de realização nacional — saúde, pobreza, expectativa de vida, alfabetização —, os EUA estão atrás de outras nações desenvolvidas. Além disso, há mais violência racial ali do que em qualquer

4. O que resta?

outro país que não esteja atualmente envolvido em uma guerra interna. (E, como faço parte dos 40% de americanos que agora temem a eclosão de uma guerra civil, não tenho ideia se ela já terá explodido quando estas palavras forem impressas.) Os milhões de manifestantes americanos brancos durante o verão de 2020 mostraram que a raiva pelo assassinato contínuo de cidadãos negros não está confinada a uma tribo. Para os negros estadunidenses, essa raiva se intensifica a cada dia. O privilégio mais importante que os brancos têm é o seguinte: nunca tivemos de dar a nossos filhos um sermão para prepará-los para evitar que se tornassem vítimas de violência policial.

Apesar de ouvirmos que o mundo nunca esteve tão conectado, mesmo os americanos mais conectados podem ser notavelmente desinformados sobre a vida comum no resto do mundo. Em debates recentes sobre licença parental, a mídia americana informou que os EUA são um dos seis únicos países do mundo que não exigem nenhuma licença. Mas é notavelmente silenciosa, e muitas vezes mal-informada, sobre a extensão dos direitos dos pais em outras partes do mundo. Embora a gravidez de qualquer celebridade possa ser noticiada, ainda não conheci um americano que saiba que a Alemanha concede aos novos pais catorze meses de licença remunerada após o nascimento de cada filho. Os europeus, por sua vez, não estão bem-informados sobre a ausência de direitos trabalhistas nos Estados Unidos, em grande parte porque estão tão atordoados com a selvageria do sistema social que não sabem como denunciá-la. Quando expliquei a colegas alemães que a maioria dos americanos não tinha licença médica em meio a uma pandemia global, a reação deles não foi apenas de pesar.

A esquerda não é woke

Dificilmente teriam ficado mais chocados se eu tivesse dito que comemos bebês no café da manhã.

Se a raiva é mais visível nos Estados Unidos, ela pode irromper em qualquer lugar quando os direitos sociais estão erodindo. Há uma década, os britânicos se orgulhavam do sistema gratuito de ensino superior que agora desapareceu; o governo conservador e seu Brexit estão minando o Serviço Nacional de Saúde; e uma combinação de inflação e austeridade significa que muitos britânicos podem ter de escolher entre comida e aquecimento no inverno. Não é preciso ser economista para saber que há recursos em abundância para resolver todos esses problemas, embora os economistas tenham demonstrado isso.[7] Considere a rapidez com que uma vacina foi desenvolvida quando uma pandemia global ameaçou a economia mundial: bilhões de dólares foram encontrados para pesquisa e desenvolvimento. Malala Yousafzai calculou que o valor gasto com despesas militares em oito dias por ano financiaria doze anos de educação para cada criança do planeta. *Oito dias por ano.* Você sabe como agir com base nessas informações? Sua impotência o deixa irritado?

Nesse ponto, Foucault certamente estava certo: as alavancas do poder são invisíveis e não sabemos como movê-las. (Em que «nós» engloba um número muito grande de pessoas. Pense: Barack Obama.) Em suas palestras de 1979 sobre o neoliberalismo, Foucault argumentou que o poder já não é político, mas econômico, pois o neoliberalismo criou uma nova forma de racionalidade que colocou o Estado a serviço da economia. A liberdade de

---

7 Para um exemplo, ver Piketty, *Pelo socialismo!*, Crónicas, 2016-2020. Trad. Artur Lopes Cardoso. Lisboa: Temas e debates, 2021.; e Id., *O capital no século XXI*. Trad. Monica B. de Bolle. Rio de Janeiro: Intrínseca, 2014.

4. O que resta?

mercado tornou-se a base do Estado, razão pela qual o crescimento econômico é a primeira coisa mencionada quando se julga o sucesso ou o fracasso de um Estado. Será que Angela Merkel sabia que estava reproduzindo Foucault quando pediu «uma democracia que se adapte aos mercados» (*marktkonforme Demokratie*)? A alternativa seriam mercados que se adaptassem aos valores democráticos, mas não foi isso que se conseguiu nas décadas desde que a ordem mundial bipolar foi substituída pelo neoliberalismo global. Essa é uma ordem compatível com muitos tipos de organização política, como a China demonstrou muito bem.

Não é acidental o fato de a psicologia evolucionista, que postula a competição constante como o modo natural da ação humana, ter se tornado a principal explicação do comportamento humano após o fim da Guerra Fria. A psicologia evolucionista parecia fornecer uma base científica, ou pelo menos um reforço, para o neoliberalismo que emergiu como a única teoria econômica/política que permaneceu de pé quando o Muro de Berlim caiu. Mais importante do que políticas de mercado específicas são suas suposições gerais sobre a natureza humana. O teórico político Richard Tuck escreveu: «Embora os fundadores da economia moderna e seus seguidores na ciência política possam ter suposto que estavam envolvidos em uma investigação 'livre de valores' ou 'científica', na verdade eles estavam fazendo filosofia moral».[8] Ou como Margaret Thatcher disse certa vez: «A economia é o método; o objetivo é mudar a alma».

Será que nossa alma está mudando? O neoliberalismo parte da premissa

---

8   Richard Tuck, «The Rise of Rational Choice», *European Journal of Sociology*, v. 46, n. 3, dez. 2005, p. 587.

de que somos mais bem compreendidos como «homem econômico», ou *Homo economicus*, «apenas enquanto um ser que deseja possuir riqueza e que é capaz de julgar a eficácia comparativa dos meios para obter aquele fim».[9] John Stuart Mill, o filósofo que formulou essa definição, logo acrescentou que nenhum economista político jamais foi tão longe a ponto de imaginar que seres humanos reais pudessem ser capturados por ela. Pode ter parecido absurdo no século XIX, mas hoje não nos assustamos mais com referências ao capital humano. Os funcionários são gerenciados por departamentos de recursos humanos; somos alegremente incentivados a desenvolver nossa marca; crianças pequenas ganham milhões abrindo brinquedos no YouTube. Recentemente, um investidor da Baviera registrou os direitos autorais das iniciais que os soldados romanos colocaram na cruz de Jesus: INRI. Ele planeja desenvolver uma linha de produtos de camisetas e refrigerantes, e ficou surpreso com o fato de a Igreja não ter chegado lá antes dele. Lembra-se de Marx, cujo ateísmo materialista nunca impediu um senso de reverência?[10]

Foucault argumentou que o neoliberalismo tornou o *Homo economicus* exaustivo. O que era uma abstração fictícia para Mill agora obscureceu qualquer outra ideia de ser humano. A economia liberal clássica nos via como consumidores; agora somos fundamentalmente empreendedores. A teórica política Wendy Brown explica:

---

9 John Stuart Mill, *Da definição de economia política e do método de investigação próprio a ela*. Trad. Pablo Rubén Mariconda. São Paulo: Abril Cultural, 1974, p. 300 (Col. Os pensadores, v. XXXIV).

10 «Tudo o que era sólido e estável se desmancha no ar; tudo o que era sagrado é profanado» Karl Marx; Friedrich Engels, *Manifesto comunista*. Trad. Álvaro Pina. São Paulo: Boitempo, 1998.

4. O que resta?

[...] O neoliberalismo transfigura todos os domínios e empreendimentos humanos, junto com os próprios seres humanos, de acordo com uma imagem específica do econômico. Toda conduta é conduta econômica; todas as esferas da existência são enquadradas e medidas por termos e métricas econômicos, mesmo quando essas esferas não são diretamente monetizadas. Na razão neoliberal e nos domínios governados por ela, somos apenas e em todos os lugares *Homo economicus*, que por sua vez tem uma forma historicamente específica [...] o reinado normativo do *Homo economicus* em todas as esferas significa que não há motivações, impulsos ou aspirações além dos econômicos, que não há nada para ser humano além da «mera vida».[11]

Para Foucault, a concorrência substituiu a troca como o princípio básico do mercado, mas ele não acredita que a concorrência seja natural. Portanto, o governo deve intervir para incentivar ou restaurar a concorrência. Como Brown aponta, isso tem consequências devastadoras: «O mais importante é que a equivalência é tanto a premissa quanto a norma da troca, enquanto a desigualdade é a premissa e o resultado da concorrência. Consequentemente, quando a racionalidade política do neoliberalismo é plenamente realizada, quando os princípios do mercado são estendidos a todas as esferas, a desigualdade se torna legítima, até mesmo normativa, em todas as esferas».[12]

No entanto, mesmo sem a desigualdade artificial que um sistema baseado na concorrência deve produzir, a inflação do *Homo economicus* para eclipsar

---

11 Wendy Brown, *Undoing the Demos: Neoliberalism's Stealth Revolution*. Nova York: Zone, 2015.
12 Ibid.

A esquerda não é woke

todas as outras esferas do ser humano leva a uma raiva que é tanto mais poderosa quanto menos estivermos cientes dela. Não é preciso ser um kantiano para se ressentir de ser tratado como um meio — como todos nós somos, todos os dias.

O neoliberalismo que Foucault descreve é menos uma revolução econômica do que moral, embora se disfarce de senso comum sofisticado. Seu relato é ainda mais impressionante pelo fato de que a redução de seres humanos a capital humano estava apenas começando quando ele escreveu sobre isso. Mas em nenhum outro lugar sua recusa em assumir uma posição normativa é mais irritante. A análise do que o neoliberalismo fez conosco é tão crítica e contundente que é difícil ler sem procurar uma barricada para montar. Ora, Foucault acreditava que o poder já não é o tipo de coisa a que se pode resistir com uma barricada. Mas os foucaultianos estão divididos sobre se ele acreditava que se deveria resistir ao neoliberalismo.[13] Alguns de seus comentários pareciam acolhê-lo. Para o neoliberalismo, o capital humano é tanto descritivo do que somos quanto normativo do que deveríamos ser. (*Desenvolva sua marca.*) Nunca saberemos se Foucault concordava, mas está claro que ele não nos oferece nenhuma ferramenta para contestar isso.

No campo da economia comportamental, o neoliberalismo admite que o comportamento humano muitas vezes se desvia do modelo do *Homo economicus*. Os desvios considerados, no entanto, concentram-se nas maneiras pelas quais as paixões e as distorções

---

13 Ver Ibid.; Stephen Sawyer; Daniel Steinmetz-Jenkins (Orgs.), Foucault, *Neoliberalism and Beyond*. Londres: Rowman and Littlefield, 2019; e Daniel Zamora; Michael C. Behrent, Foucault and Neoliberalism. Malden, MA: Polity, 2015.

perceptuais não conseguem maximizar a utilidade como o modelo exige. O modelo é o ideal; a economia comportamental enfatiza as maneiras pelas quais ficamos aquém dele. A questão de saber se o modelo está aquém de nós raramente é levantada. Vimos um movimento semelhante quando a psicologia evolucionista reformulou o altruísmo como um problema. Em vez de questionar o modelo, ela explicou nossas falhas em agir como o modelo previa declarando que nossos detectores de parentesco são enganados. (Detectores de parentesco? Sério?)

O neoliberalismo considera que a felicidade humana é mais bem servida por mercados não regulamentados que produzem quantidades cada vez maiores de bens que foram desenvolvidos para nos distrair e projetados para deteriorar. Se você rejeitar essa visão e argumentar que as pessoas têm mais chances de prosperar quando estão envolvidas em atividades produtivas comuns, provavelmente será considerado um hippie ou um comunista enrustido — embora esse argumento seja confirmado por todos os estudos empíricos sérios em psicologia social. Mesmo que tenhamos passado a acreditar, como disse Thatcher, que *não há alternativa* para um mundo governado pela racionalidade econômica, sua irracionalidade é demonstrada todos os dias. Thomas Piketty resume: «A partir do momento que se afirma não haver nenhuma alternativa plausível para a organização socioeconômica atual e a desigualdade entre as classes, não surpreende que a esperança de mudança se volte para a exaltação da fronteira e da identidade».[14]

---

14 Piketty, *Capital e ideologia*. Trad. Dorothée de Bruchard e Maria de Fátima Oliva do Couto. Rio de Janeiro: Intrínseca, 2020.

Parece que nos resta escolher entre dois tipos de irracionalidade, nenhum dos quais nos permitirá prosperar — ou mesmo sobreviver.

Vamos nos servir mais uma vez do *New York Times* como fonte de exemplos convencionais de pressupostos filosóficos que todos os dias são impressos sem questionamentos. Em setembro de 2023, esse jornal publicou um artigo intitulado «Americans are Losing Faith in the Value of Education» [Americanos estão perdendo a confiança no valor da educação].[15] Prossegue nos contando que o índice de jovens adultos que acham o ensino superior importante caiu de 74% para 41% na última década, e descreve uma série de razões para isso, explicando a diferença entre o salário e a bonificação para trabalhadores com ensino superior, e cita um estudo que analisa a questão de o que é necessário para «ganhar a aposta da faculdade»: «Para quem a faculdade compensa, e para quem não compensa? Ele analisou os dados por curso superior, por habilidade acadêmica e por mensalidades, e conseguiu mostrar em detalhes exatamente quem ganhava na loteria do ensino superior e quem perdia».[16] Há inúmeros dados econômicos e comparações com «outras potências econômicas que têm forças de trabalho com formação melhor que as nossas», mas há uma coisa que o artigo nunca questiona: o valor do ensino superior é material. Não há uma palavra sobre construção do caráter; isso é muito século XIX. Nem gesto de preparação para a cidadania democrática; deixamos isso para trás no século XX, embora agora necessitemos mais do que nunca. O artigo simplesmente pressupõe que valor = valor de

---

15 Paul Tough, «Americans are Losing Faith in the Value of Education», *The New York Times*, 5 set. 2023.

16 Ibid.

mercado, e o enfatiza mais uma vez ao concluir: «Holtz-Eakin e Lee calcularam o custo, para a economia americana, da falta dos milhões de graduados que eles estão projetando: 1,2 trilhão de dólares de perda de produção econômica. É um custo que provavelmente suportaremos juntos, vencedores e perdedores».[17]

Quando um artigo sobre o valor do ensino superior não pensa que tem de *especificar* que está se referindo a valor monetário, é porque o neoliberalismo devorou nossas almas. No mínimo sugere que estamos no caminho certo para nos tornarmos *Homo economicus*, mas nossa vida diária ocasionalmente nos mostra que nosso eu é maior do que os cálculos podem medir. Ainda assim, somos bombardeados com mensagens que nos fazem esquecer. Com mantras como «responsabilidade para com nossos acionistas», o neoliberalismo encontrou tons suaves e moralistas para vestir sua convicção de que nada além do lucro importa. Quem, afinal, poderia se opor à responsabilidade?

Como George Orwell escreveu há muito tempo, a maioria das pessoas acredita que «Nossa civilização está decadente e a nossa linguagem [...] inevitavelmente partilha do colapso geral. Em consequência, qualquer luta contra o abuso da linguagem não passaria de um arcaísmo sentimental». Mas ele também argumenta que basta um pouco de atenção aos maus hábitos que infectam a linguagem e o pensamento em igual medida. «Quem se livra desses hábitos consegue pensar com mais clareza, e pensar com clareza é o primeiro passo indispensável para a regeneração política; portanto, a luta contra o inglês ruim

---

17 Ibid.

18 Orson Welles, «Política e a língua inglesa» [1946]. In: Orson Welles, *Por que escrevo e outros ensaios*. Trad. Claudio Marcondes. São Paulo: Companhia das Letras, 2020.

não é uma frivolidade e não é uma preocupação exclusiva de escritores profissionais.»[18]

A violação da linguagem é tão difundida que mesmo aqueles de nós que estão sintonizados com ela só percebem quando ela se torna extrema. Você pode enlouquecer se, de vez em quando, não se desligar disso. É difícil lembrar que a publicidade nem sempre foi tão central na política, nem a própria publicidade era tão extrema. Eu me recuso a comprar as caixas de mirtilos que meu supermercado local comercializa como «As frutas vermelhas que se importam». Embora eu saiba que isso não terá nenhum impacto nos números de marketing ou vendas, evita que eu fique furiosa quando abro a geladeira pela manhã. (*As frutas vermelhas não se importam. AS FRUTAS VERMELHAS NÃO SE IMPORTAM.*) Mas não poderia evitar uma nova marca de banheiro portátil instalada na rua em frente ao meu apartamento. Chama-se «Cloudlet», que era bastante inofensivo até que a empresa iniciou uma campanha de marketing declarando que «Cloudlet = Amor». Um cínico poderia detectar uma mensagem oculta: *O amor é uma merda*. Suspeito que o slogan foi apenas uma questão de falta de consideração. O protesto aqui parece sem sentido. Mas se pode esperar que pessoas bombardeadas por esse tipo de loucura todos os dias questionem as notícias falsas?

Esses são usos da linguagem que engolimos sem resistência, embora prestemos atenção a outros. Não há uma maneira simples de decidir quando as regras de linguagem são importantes e quando podem ser ignoradas, embora seja importante saber que os nazistas usavam a expressão «regra de linguagem» para significar «mentira». «Responsabilidade para com nossos acionistas» é uma regra de linguagem que surgiu quando o neoliberalismo

4. O que resta?

elevou a busca pelo lucro até que a única coisa que importasse fossem os retornos trimestrais. Não é exatamente uma mentira, apenas uma distorção da verdade que torna mais difícil levantar questões fundamentais e mais fácil aceitar as inanidades da publicidade.

Enquanto isso, as corporações que estão ocupadas sendo responsáveis para com seus acionistas perceberam que alguns deles se preocupam com outras palavras e mudaram sua linguagem de acordo com isso. Os sem-teto se tornaram pessoas em situação de rua, as que não podem andar agora são portadoras de necessidades especiais, aqueles que eram escravos agora são pessoas escravizadas. Essas mudanças linguísticas têm o objetivo de expressar respeito pelas pessoas que elas nomeiam. Mas uma pessoa «em situação de rua» não está em melhor situação do que um «sem-teto»; no mínimo, a linguagem suavizada faz com que a condição pareça menos dolorosa. Ser sem-teto é mais profundo e pior do que estar em situação de rua, e a dureza da linguagem refletia isso. Da mesma forma, «pessoa escravizada» ameniza a condição de escravidão. Embora não precisemos nos lembrar disso hoje, aqueles que compravam e vendiam homens e mulheres não os consideravam pessoas. Às vezes, a linguagem deve doer tanto quanto as circunstâncias que ela denota; caso contrário, ela é falsa em relação às realidades que nomeia. Por volta da virada do milênio, os falantes de inglês começaram a substituir a palavra «*problem*» [problema] por «*issue*» [questão], como se os problemas pudessem ser resolvidos com uma palavra que soe mais suave. Mas, se alguém que você ama tem uma questão de saúde, então de fato ela tem um problema, possivelmente grave, mesmo que talvez se prefira amenizá-lo.

A esquerda não é woke

O idioma está sempre mudando, e idiomas diferentes resolvem problemas de forma muito diferente. A linguagem inclusiva de gênero em alemão e inglês funciona de maneiras opostas. Enquanto Liz Truss era uma primeira-ministra em alemão, Meghan Markle era um ator em inglês.[19] Como falante nativa de inglês, não gosto de aceitar a sugestão alemã atual, subscrita por decreto governamental, de que qualquer pessoa que se abstenha de locuções como «*citizens and citizenesses*» é irremediavelmente sexista. (Escritores e escritoras, padeiros e padeiras, *ad infinitum*.) Minhas próprias intuições linguísticas vão no sentido oposto: se as profissões são neutras em termos de gênero, a definição de gênero para a profissão de alguém deixa uma marca sexista. É preciso se esforçar para entender que alguém que foi criado em um idioma diferente terá intuições diferentes, não apenas sobre o que é gramaticalmente certo e errado, mas também sobre quais formas gramaticais se transformam em direitos e erros políticos. Que isso sirva como um exemplo dentre muitos. Há casos em que duas pessoas com objetivos semelhantes, como o de lidar com o sexismo embutido na linguagem, divergem quanto à solução. É o tipo de discordância com a qual cada lado poderia conviver, a não ser pelo fato de que a linha entre discordância e dano se tornou difícil de ser traçada.[20]

Há muito tempo sabemos que o pessoal é político, mas, quando apenas o pessoal é político, perdemos a esperança. Mudar seus pronomes pode parecer uma mudança radical, mas a veemência dos

---

19 Em alemão, em que não existia a forma feminina para «primeiro-ministro», ela foi adotada como linguagem inclusiva. Já em inglês, em que há a palavra «atriz», a inclusão se dá pelo caminho inverso, em que é feita a uniformização com o uso de «ator» para todos. [N. E.]

20 Formulação sugerida por Emily Dische-Becker.

argumentos *woke* sobre a importância dos pronomes é a expressão de pessoas que temem ter pouco poder para mudar qualquer outra coisa. Argumentei que temos a obrigação de esperar mais. O argumento é simples: se não tivermos esperança, não poderemos agir com convicção e vigor. E, se não pudermos agir, todas as previsões dos pessimistas se tornarão realidade.

Os *woke* anseiam por progresso tanto quanto eu, e muitos que rejeitam a ideia de progresso se levantam todas as manhãs para trabalhar pela mudança social. Eles não percebem o quanto são sobrecarregados pelas visões teóricas que defendem; em grande parte, acredito, porque essas visões são enquadradas de forma tão obscura. É um trabalho árduo percorrer a prosa, mas, mesmo quando você se esforça, as afirmações escapam por meio de repetidos truques. Ao atacar um ponto de vista normativo, você é informado de que ele é meramente descritivo. Se você alertar sobre o uso que Schmitt faz do termo «inimigo» ou do termo «egoísta» da psicologia evolucionista, você será considerado simplório; *certamente os teóricos sofisticados não são tão grosseiros a ponto de usar as palavras como nós fazemos normalmente.* Portanto, vale a pena voltar a Trasímaco para ver as versões mais cruas dessas ideias, sem o adorno da elegância enevoada. Quando você faz isso, vê um conjunto de posições nascidas de esperanças frustradas.

Pelo fato de o universalismo ter sido usado de forma abusiva para disfarçar interesses particulares, você desistirá do universalismo?

Pelo fato de as reivindicações de justiça às vezes terem sido véus para reivindicações de poder, você abandonará a busca pela justiça?

Pelo fato de os passos em direção ao progresso às vezes terem tido consequências terríveis, você deixará de ter esperança no progresso?

As decepções são reais e, às vezes, devastadoras. Mas, em vez de enfrentá-las, a teoria geralmente as lê na estrutura do universo, criando uma falsa suspeita que forma a música de fundo da cultura ocidental contemporânea.

Seria tolice afirmar que todos que ouviram essa música são versados em psicologia evolucionista ou no trabalho de Carl Schmitt. Mas mesmo aqueles que nunca abriram um livro de filosofia nadam nas correntes ideológicas que giram ao nosso redor. As ideologias florescem porque as pessoas querem explicações gerais de como o mundo funciona; se forem explicações simples, tanto melhor. As ideologias contemporâneas dominantes se combinam para criar um universalismo fraudulento que reduz toda a complexidade do desejo humano a uma ânsia por riqueza e poder. Reivindicando o apoio da economia, da filosofia e da biologia, a ideologia do interesse próprio condena todos os outros motivos da ação humana como autoilusão ou propaganda cínica. Líderes de direita como Andrew Breitbart e Mike Czernowitz adotam abertamente essas opiniões, o que é no mínimo intelectualmente coerente. Como Czernowitz explicou na *The New Yorker*: «Veja, eu li a teoria pós-modernista na faculdade. Se tudo é uma narrativa, então precisamos de alternativas à narrativa dominante'. Ele sorriu. 'Não pareço um cara que lê Lacan, não é?'».[21] Em uma apropriação menos do que consciente, muitos dos *woke* inalaram essa

---

21 Andrew Marantz, «Trolls for Trump», *The New Yorker*, 24 out. 2016.

4. O que resta?

ideologia, embora ela esteja completamente em desacordo com seus melhores objetivos morais.

Em uma manhã quente de outubro, fiz uma pausa na conclusão deste livro para encontrar o autor e ativista indiano Harsh Mander em um café de Berlim. A incansável luta não violenta de Mander pelos direitos dos povos marginalizados em sua terra natal lhe rendeu um lugar na lista de pré-selecionados para o Prêmio Nobel da Paz, bem como uma série de ameaças de morte. Ele compara o silêncio da maioria do público em relação ao linchamento de muçulmanos na Índia atual com a indiferença alemã em relação à violência contra os judeus na década de 1930. Ao descobrir quantas convicções tínhamos em comum, ele perguntou sobre meus textos atuais. Expliquei minhas asserções sobre o abandono progressivo de três princípios essenciais para a esquerda: compromissos com o universalismo, uma distinção rígida entre justiça e poder e a possibilidade de progresso.

Mander concordou e sugeriu um quarto princípio: o compromisso com a dúvida. Colegas marxistas sempre perguntaram por que ele não era comunista, dado seu feroz compromisso com os direitos sociais e econômicos universais. Sua resposta era simples: ele não podia aderir a nenhum movimento que exigisse que parasse de questionar. «O hinduísmo tem problemas enormes», continuou. Por seus esforços para impedir a opressão hindu sobre os muçulmanos, o governo de Modi o acusou de terrorismo. «Mas ele tem uma coisa que as religiões abraâmicas não têm: todos esses deuses e deusas nos mostram a necessidade de duvidar.»

A esquerda não é woke

A dúvida, é claro, foi fundamental para o Iluminismo, cujos pensadores teriam se divertido ao saber que compartilhavam algo com os hindus politeístas. Gottfried Ephraim Lessing escreveu que preferia a busca interminável pela verdade à própria verdade. Nenhuma religião pode acabar com a violência, como os recentes acontecimentos na Índia e na budista Mianmar deixaram claro. Mas temperar o compromisso com seus princípios mais profundos com dúvidas sobre sua aplicação poderia evitar muitos danos. Nada é mais insensato, neste momento da história, do que o fato de um progressista desmerecer outro por causa de diferenças sobre o que é considerado discriminação.

Pois, enquanto escrevo, metade dos americanos pesquisados quer reeleger um homem que não foi apenas indiciado por 51 acusações de crime mas que também alardeia suas intenções de desmantelar as instituições democráticas de base do país. A Índia também está prestes a reeleger uma pessoa que acha que os direitos humanos são uma invenção europeia que uma ex-colônia pode ignorar. A situação de Israel é tão volátil que não arriscarei adivinhar se seu líder conseguirá se manter fora das grades por solapar a lei israelense e travar guerra contra milhares de palestinos enquanto este livro está sendo impresso. Tome seu próprio exemplo. É hora de parar de falar de tendências «autoritárias» e «antidemocráticas». Uso «proto» e «fascista» com cuidado. Se esperarmos até eles construírem campos de concentração para chamá-los de protofascistas, será tarde demais para qualquer tentativa de detê-los.

Vivemos uma época de frentes populares.

4. O que resta?   197

Costuma-se lembrar que os nazistas chegaram ao poder por meio de eleições democráticas, mas nunca obtiveram a maioria até que já estivessem no poder. Se os partidos de esquerda estivessem dispostos a formar uma frente popular, como pediram pensadores de Einstein a Trótski, o mundo poderia ter sido poupado de sua pior guerra. As diferenças que dividiam os partidos eram reais; e sangue havia sido derramado. Mas, embora o partido comunista stalinista não conseguisse enxergar isso, essas diferenças não eram nada perto da diferença entre os movimentos universais de esquerda e a visão tribal do fascismo.

Não podemos nos permitir um erro semelhante.

Agradecimentos

Este livro começou em abril de 2022 como a palestra Ashby/Tanner na Universidade de Cambridge: sou grata a meus anfitriões no Clare College, especialmente a George van Kooten e Alan Short, pela oportunidade que me forçou a elaborar melhor pensamentos que me atormentaram por vários anos. Samuel Garrett Zeitlin foi um dos comentaristas na palestra, e estou em dívida com ele pelas observações importantes e profundas que forneceu posteriormente ao livro.

Este livro traz a marca de muitas conversas com meu falecido amigo Todd Gitlin. Em setembro de 2020, perturbados pelos acontecimentos que descrevi aqui, começamos a nos encontrar uma vez por semana via Zoom com a intenção de escrever um livro. Este não é o livro que teríamos escrito juntos, o qual tinha como foco apenas o universalismo. Tal livro teria acrescentado perspectivas da sociologia, o campo de Todd, às minhas próprias perspectivas filosóficas. Ainda assim, meus pensamentos sobre as promessas e os fracassos da esquerda devem muito aos vinte anos de amizade interrompidos pela morte de Todd. Sua voz sábia, sensata e incansável faz muita falta.

Vários amigos foram muito gentis em comentar versões deste livro ainda em manuscrito. Meus sinceros agradecimentos a Lorraine Daston, Wendy Doniger, Sander Gilman, Eva Illouz, Philip Kitcher, Carinne Luck, Sophie Neiman e Ben Zachariah pelas muitas sugestões cuidadosas, mesmo aquelas que não acatei. Escrever este livro significou buscar formas de crítica que fossem claras mas construtivas, afiadas mas não mordazes. Se atingi meu objetivo ou não, cabe aos outros julgar.

Seria improvável que eu expandisse a palestra e a transformasse num livro se não fosse pela chance de trabalhar mais uma vez com Ian Malcolm, que editou meu *O mal no pensamento moderno* há vinte anos. Ian é simplesmente o melhor editor que já conheci. Ele forneceu críticas perspicazes e deu incentivo ilimitado tanto a este livro quanto ao anterior.

Como sempre, a sabedoria e o apoio contínuo de minha agente, Sarah Chalfant, foram cruciais para me manter focada e com os pés no chão.

As editoras em geral ficam felizes quando os autores escrevem prefácios ou posfácios para novas edições, mas são menos entusiásticas quando os autores propõem inserir nacos de texto em um trabalho acabado. Por isso, agradeço à Polity Press, que me deu espaço para atualizar este livro, pelo menos até 19 de novembro de 2023. Isso também permitiu que eu desenvolvesse afirmações que confundiram alguns leitores e críticos da primeira edição, assim estou em dívida pelos mal-entendidos. Finalmente, sou grata a Dominic Bonfiglio por sua análise especializada e sua crítica ponderada, que foram de imensa ajuda na minha revisão.

Trotzdem

1. *Estrangeiros residentes*, Donatella Di Cesare
2. *Contra o mundo moderno*, Mark Sedgwick
3. *As novas faces do fascismo*, Enzo Traverso
4. *Cultura de direita*, Furio Jesi
5. *Punir*, Didier Fassin
6. *Teoria da classe inadequada*, Raffaele Alberto Ventura
7. *Classe*, Andrea Cavalletti
8. *Bruxas*, Mona Chollet
9. *Escola de aprendizes*, Marina Garcés
10. *Campos magnéticos*, Manuel Borja-Villel
11. *Filosofia do cuidado*, Boris Groys
12. *A esquerda não é woke*, Susan Neiman

Dados Internacionais de Catalogação na Publicação (CIP)
(Câmara Brasileira do Livro, SP, Brasil)

Neiman, Susan
      A esquerda não é woke / Susan Neiman ; tradução
Rodrigo Coppe Caldeira. -- 1. ed. -- Belo Horizonte, MG :
Editora Âyiné, 2024.

      Título original: Left is not woke
      ISBN 978-65-5998-140-3

      1. Consciência étnica 2. Direita e esquerda (Ciência política)
3. Foucault, Michal (1926-1984) - Crítica e interpretação
4. Identidade (Filosofia) 5. Justiça social - Filosofia
6. Relações raciais 7. Schmitt, Carl, 1888-1985 8. Socialismo
I. Caldeira, Rodrigo Coppe. II. Título.

24-191309   CDD-324.1

Índices para catálogo sistemático:
1. Direita e esquerda : Ciência política 324.1
Aline Graziele Benitez - Bibliotecária - CRB-1/3129

Composto em Patos,
fonte de Federico Paviani.
Belo Horizonte, 2024.